K, 방산업체 천재가 되다

K, 방산업체 천재가 되다

취업준비생 K, 방산업체 전문가로 거듭나다!

윤용 지음

좋은땅

CONTENTS

3부 방산업계 이해

4부 방산업체 현황

들어가는 말

방위산업(Defense Industry)은 국가를 지키기 위한 무기와 군사 장비를 만들고 개발하는 일을 중심으로 돌아간다. 전쟁이 강조되었던 과거에는 '군수산업'이라는 이름으로 더 많이 불렸지만, 오늘날에는 방위와 억제라는 개념이 부상하면서 '방위산업'이라는 명칭이 주로 사용되고 있다. 방위산업은 단순히 무기를 만드는 일을 넘어서, 국가안보와 직결된 만큼 정부와 긴밀하게 연결된다.

방위산업에서 중요한 두 주체는 정부기관과 방산업체다. 정부기관으로는 국방부, 방위사업청, 국방과학연구소, 국방기술품질원 등이 있으며, 이들은 국가안보를 위해 필요한 무기와 군사 장비의 개발과 품질관리를 담당하고 있다. 하지만 이들 못지않게 중요한 주체가 바로 방산업체다. 방산업체는 무기와 군사 장비를 실제로 설계하고 제작하는 기업들로, 방위산업의 중심에서 활동하는 '숨은 주역'이다.

방산업체들은 무기체계 개발과 생산의 최전선에 서 있다. 전투기, 군용 헬기, 잠수함, 미사일 같은 첨단 무기체계를 만드는 방산업체들은 최첨단 기술을 요구받으면서도 정부의 엄격한 규제를 받는 독특한 환경에서 일한다. 이들은 민간기업이지만, 사실상 국토방위의 중요한 역할을 담당한다. 그래서 방산업체의 모든 일은 국가수호라는 큰 틀 내에서 이루어지며, 예측할 수 없는 어려움도 많다. 최근 방산업체들은 전통적인 군사 장비 생산을 넘어서, 민간 분야로도 사업을 확장하고 있다. 자율주행, 인공지능(AI), 빅데이터 분석의 신기술이 방산업체들에 의해 개발되고 활용되면서, 이들 기술이 민간 생활에도 큰 영향을 미치고 있다.

방산업체는 어떤 기업들이고, 무슨 일을 하며, 어떻게 경쟁력을 키우고 있는지 잘 모르는 사람들이 많다. 이 책은 바로 그 방산업체에 관한 이야기를 다룬다. 또한 방산업체들을 중심으로 그들의 역할과 실체를 보다 깊이 있게 이해할 수 있도록 돕는다. 방위산업의 기초 개념부터 시작해, 정부기관의 역할, 방산업계의 구조, 주요 방산업체들의 현황, 그리고 방산업체에 입사하고자 하는 취업준비생들이 꼭 알아야 할 정보까지 크게 다섯 단계로 구성되어 있다.

책을 집필하고 나니 몇 가지 아쉬움도 남는다. 시간과 물리적 여건으로 인해 실제 인터뷰 대신에 관련 책자와 언론보도, 기업의 홈페이지 등의 자료를 활용했다. 또한 모든 방산업체를 담아내지 못했다. 본문에 소개된 기업들은 순전히 개인적인 기준으로 선정했다. 나중에 기회가 된다면 전체 방산업체를 다루어 볼 생각이다. 그럼에도 국내 방산업체의 성장과 발전을 담아내고자 최선을 다했음을 밝혀둔다.

방산업체의 세계는 생각보다 흥미롭고, 다양한 이야기를 품고 있다. 이 책을 통해 방산업체에 대한 이해를 돕고, 방위산업의 중요성을 깨닫는 데 도움이 되기를 바란다. 방산업체는 단순히 무기를 만드는 곳이 아니라, 국가의 미래를 책임지고 있는 중요한 산업의 한 축이라는 사실도 함께 알아가기를 기대한다. 방위산업에 관심 있는 모든 독자와 더불어 방산업체에 입사를 희망하는 취업준비생들에게도 유용한 길잡이가 되었으면 하는 바람이다.

2025년 3월 어느 날,
자주 가는 동네 카페 이 층 창가에서

1부

방위산업 입문

01.
방산물자 vs 방산업체

"팀장님, 방위산업이 민간산업과 무엇이 다른가요?"

"가장 큰 차이는 다루는 아이템이지요."

"아이템이라? 너무 막연한데요."

"쉽게 생각하세요. 자동차산업이 자동차를 다루고, 철강산업이 철강을 다루는 것처럼 방위산업은 방산물자를 취급하는 사업을 말합니다."

"방산물자를 취급한다? 방산물자는 또 뭔가요?"

"자, 보세요. 제가 여기 메모를 하면서 설명해 드릴게요."

나는 K를 모(某) 대학 경영대학원에서 처음 만났다. 우리는 흔히 말하는 입학 동기다. 40대 초반의 나와는 제법 나이 차이가 있는 K는, 외국계 기업에서 영업 담당자로 일하며 이직을 준비 중이다. 그는 스트레스를 덜 받으면서도 안정적인 직장을 찾고 있었고, 최근 방산업체에 관심을 가지게 되었다. 몇 차례 만남을 시도했지만, 시간이 맞지 않아 주말에야 학교 근처 카페에서 만나게 되었다.

K가 물었던 방위산업은 군에서 필요로 하는 방산물자를 생산하는 사업 분야를 의미한다. 군대의 본질적인 임무는 전쟁이나 전투 수행으로, 군인과 무기는 필수적이다. 여기에 더해, 군용 차량과 같은 무기가 아닌 장비나 부품도 필요하다. 이처럼 무기와 비무기를 모두 합쳐 '군수품'이라고 한다. 좀 더 공식적인 표현으로는 '무기체계'와 '전력지원체계'로 나뉜다.

무기체계란 전장에서 전투력을 발휘하기 위한 무기와 이를 운용하는 데 필요한 장비, 부품, 시설, 소프트웨어 등 여러 요소를 통합한 개념이다. 무기와 무기체계는 통상적으로 같은 의미로 쓰이기도 한다. 반면, 전력지원체계는 무기체계를 제외한 나머지 장비, 부품, 시설, 소프트웨어 등 여러 요소를 포함한다.

방산물자는 이 중에서도 군이 안정적인 공급처를 확보해야 하고, 엄격한 품질보증이 필요한 핵심적인 무기체계와 직접적인 관련이 있다.

전쟁이나 전투가 한창일 때 무기가 제때 공급되지 않거나, 성능이 부족한 무기가 제공되면 전쟁의 승패에 결정적인 영향을 미칠 수 있다. 이러한 이유로 방산물자는 법적으로 철저하게 관리된다. 방위사업법에 따라 방위사업청장(이하 '방사청장')이 산업통상자원부장관(이하 '산자부 장관')과 협의하여 방산물자를 지정한다.

현재 방위사업법 제34조와 제35조에 따라 지정된 주요 방산물자는 총포류 및 화력장비, 유도무기, 항공기, 함정, 탄약, 전차·장갑차 및 전투기동 장비, 레이더·피아식별기 및 통신·전자장비, 야간투시경 및 광학·열상장비, 전투공병 장비, 화생방장비, 지휘 및 통제장비, 기타 군사전략 또는 전술 운용에서 중요하다고 방위사업청장이 인정하는 물자 등이다.

****

K는 잠시 침묵하다가 다시 물었다.

"방산물자가 어떤 것인지는 이해가 되네요. 그런데 방산물자는 아무나 만들 수 있나요?"
"그럴 리가 있겠어요. 방산물자를 별도의 법으로 정할 정도인데요. 방산물자는 방산업체로 지정받은 기업만 생산할 수 있어요."
"그렇다면 팀장님 회사도 방산물자를 만들 수 있겠네요?"
"맞아요. 그래서 K가 오늘 만나자고 한 것 아닌가요?"

방산업체는 방산물자를 생산하는 기업이다. 필자가 근무하는 회사도 방산업체다. 그러나 방산업체는 아무 회사나 될 수 있는 것이 아니다. 이 역시 법에 따라 산자부 장관으로부터 방산업체로 지정받아야 하며, 이 과정에서 방사청장과의 협의가 필수적이다. 방산물자 지정 절차가 복잡한 만큼 방산업체 지정 절차 역시 그리 간단하지 않다. 이는 정부가 방산물자의 적정 품질을 보장하기 위해 신뢰할 수 있는 업체를 철저히 선정하고자 하기 때문이다.

현재 국내 방산업체는 약 80개 사가 있다. 이들 업체는 크게 화력, 탄약, 기동, 항공유도, 함정, 통신전자, 화생방, 기타의 8개 분야로 구분된다. 또한, 다루는 무기의 중요도에 따라 다시 주요방산업체와 일반방산업체로 나뉜다. 주요방산업체가 60여 개, 일반방산업체는 20여 개로 주요업체가 훨씬 많다.

그리고 방산업체는 아니지만 방산분야에서 제조, 영업, 임가공, 유통 등 다양한 기업 활동을 하는 일반기업들도 있다. 이들을 흔히 방산기업이라고 한다. 대체로 중소업체가 많으며 주로 대기업 규모의 방산업체에 각종 구성품을 납품하면서 경영을 유지한다. 이들 방산 중소기업은 방산 대기업에 필수적인 공급망을 형성하고, 방산업계 전반에 걸쳐 기술력과 생산 역량을 강화하는 데 기여하고 있다.

방위산업은 국가안보와 직결된 중요한 분야이기 때문에 정부는 지속적인 관리와 지원을 아끼지 않는다. 이는 방산물자와 방산업체가 단순히 무기를 생산하는 것을 넘어, 국가의 전략적 자산으로서 미래 안보와 방어 능력을 결정짓는 중요한 역할을 하기 때문이다. 방위산업이 계속 발전하려면, 관련 법규와 지정 절차를 더욱 투명하고 엄격하게 운영하는 것이 필수적이다. 또한, 방산업체와 중소기업 간의 협력 강화와 기술 혁신을 통해 글로벌 시장에서도 경쟁력을 유지해야 한다.

K는 고개를 끄덕이며 필기하듯 메모를 시작했다. 방산물자와 방산업체, 그 차이를 이해하는 것이 그에게 새로운 기회로 다가올지도 모르겠다.

02.
국방비, 방위산업 규모를 결정한다

"방위산업은 방산물자를 생산하는 것이고, 방산물자는 법으로 정해진 중요한 무기다. 그래서 아무나 만들 수 있는 게 아니고, 법으로 정해진 방산업체만 만들 수 있다, 이거네요?"

"맞아요. 방산물자나 방산업체 모두 법으로 규정되어 있어요. 아무나 하고 싶다고 할 수 있는 게 아니라는 거죠."

"그런데 흔히들 방산업체는 정부 예산으로 운영된다고 말하잖아요. 국민들이 내는 세금으로 말이에요."

"그래서 방산비리가 터지면 온 세상이 분노하는 거예요. 국민의 혈세로 방산물자를 구매하는 것이니까요."

"그럼, 팀장님. 예산이 모두 다 방산물자 구매에 사용되나요?"

"저도 그랬으면 좋겠어요. 하지만 국방비 전체가 무기 구매에 쓰이는 건 아니에요. 크게 세 가지로 나누어지죠."

국방비는 정부 예산으로 국방 전력의 강화와 유지를 위한 모든 비용을 의미한다. 국방 전력의 핵심은 병력자원과 무기체계다. 따라서 국방예산은 군인과 무기, 이 두 가지 자원을 효율적으로 운영하는 데 초점을 맞추고 있다. 이 같은 예산이 모두 국민의 세금으로 운영된다는 점에서, 방산비리의 발생은 많은 시민들의 지탄을 받고 있다. 국방예산은 크게 병력운영비, 방위력개선비, 전력유지비로 구성된다.

첫째, 병력운영비다.

병력운영비는 군의 인적 요소에 투입되는 예산이다. 쉽게 말해 군인의 인건비와 관련된 비용이다. 병사들에게 필요한 급식비, 피복비, 급여 등 군인의 기본 생활을 유지하는 데 필요한 비용이 여기에 포함된다. 직업 군인에게는 급여와 복지 혜택이 제공되며, 병력의 규모를 유지하는 데 필수적인 역할을 한다. 주로 인적자원 유지에 집중되며, 방산업체와의 직접적인 관련성은 크지 않다.

둘째, 방위력개선비다.

방위력개선비는 물적 요소인 무기체계의 구입과 개발에 사용되는 예산이다. 전력 증강을 위한 주요 수단으로, 해외에서 첨단 무기를 수입하거나 국내 방산업체에서 무기체계를 개발하고 구매하는 데 쓰인다. 방위력개선비는 국내 방산시장의 규모를 결정짓는 중요한 항목으로, 방산업체들의 수익과 시장 활성화에 직결되는 예산이다. 예를 들어, 한국의 차세대 전투기 개발사업(KF-21)이나, 한국형 구축함(KDDX) 사업 등이 이 예산을 통해 진행된다.

셋째, 전력유지비다.

전력유지비는 군의 전력, 즉 인적 및 물적 요소를 일정 수준으로 유지하는 데 소요되는 항목이다. 군인들의 전투력을 유지하기 위한 교육 및 훈련 비용, 무기체계의 정비와 유지, 군사 시설물의 운영 및 보수 비용 등이 여기에 포함된다. 무기체계의 성능 유지를 위해서는 정기적인 점검과 정비가 필수적이다. 무기와 장비의 정비 예산은 방산업체와 관련이 있다.

****

"팀장님 말씀대로라면 국방비 전체에서 병력운영비와 전력유지비를 뺀 금액이 방산물자를 구입하는데 쓰이는 거네요."

"그렇죠. 순수하게 무기체계 구매만 놓고 보면 그게 바로 방위력개선비죠."

"국방비에서 가장 큰 비중을 차지하는 항목은 어떤 건가요?"

"인건비 즉 병력운영비가 가장 높은 비중을 차지해요. 그리고 다음이 방위력개선비이고 전력유지비가 제일 비중이 작아요."

"방위력개선비가 중간 정도면, 금액으로는 얼마나 되나요?"

"아무리 못해도 수십조는 되죠."

"수십조라면 국내 방산시장이 작은 규모는 아닌 것 같은데요."

"하지만 그렇지도 않아요. 해외로부터 수입하는 무기도 많거든요. 그 비용도 방위력개선비에서 나가죠."

국내 방산시장 규모를 가늠할 수 있는 가장 중요한 척도는 방위력개선비다. 그런데 그 규모는 국방부의 무기체계 구매 방식에 따라 좌우된다.

첫째, 해외에서 무기를 도입하는 '국외 구매' 방식이다.

이는 미국의 록히드마틴이나 보잉과 같은 글로벌 방산업체로부터 고가의 첨단 무기를 수입하는 방식이다. 유럽의 주요 방산업체로부터도 도입이 이루어진다. 하지만 국외 도입은 방위력개선비의 상당 부분이 해외로 유출되기 때문에 국내 방위산업 활성화에는 크게 도움이 되지 않는다. 특히 F-35 전투기, 글로벌 호크 무인정찰기 같은 고가의 무기체계는 대부분 해외에서 도입되고 있다.

둘째, 국내 방산업체에서 개발하거나 제조한 무기를 구입하는 '국내 구매' 방식이다.

이는 국산 무기를 국내 방산업체로부터 구매하여 군의 무기체계를 강화하는 방식으로, 국내 방위산업의 성장과 기술력 향상에 기여한다. 즉 방위력개선비가 국내 방산업체에 투입되어 체계업체와 협력업체가 경영 활동을 유지하고 성장할 수 있도록 돕는다. K2 흑표 전차, K9 자주포, 천궁 미사일 등이 그 사례다.

이 두 가지 획득 방식은 매년 정부와 국방부의 전략적 판단에 따라 결정된다. 국내 방산업체의 육성과 자주국방의 실현을 위해서는 국산화된 무기체계의 비중을 높여야 한다는 의견이 많다. 하지만, 최신 기술이 집약된 무기를 확보하기 위해 해외 도입이 불가피하다는 현실론도 만만치 않다. 따라서 방산 규모와 기술력을 동시에 확대하기 위해서는, 정부의 균형 잡힌 예산 배분과 전략적 선택이 중요하다.

국방비는 국가안보와 방위산업의 규모를 결정하는 중요한 자원이자 수단이다. 그중에서도 방위력개선비를 어떻게 활용하느냐에 따라 국내 방위산업의 발전 방향과 시장 규모가 크게 달라진다. 그래서 국방 예산의 효율적 사용과 투명한 관리가 무엇보다도 중요하다. 이를 통해 방산업체들은 기술 혁신을 도모하고, 해외 방산시장에서의 경쟁력을 강화할 수 있기 때문이다.

03.
방산물자, 수요와 공급 프로세스

"어때요. 더 궁금한 건 없나요?"

"팀장님이 설명을 잘해 주셔서, 다소 의문이 풀렸어요."

"그렇다면 다행이네요."

"하나 더 여쭈어 보고 싶은 게, 방산업체가 방산물자를 공급할 때의 절차는 어떻게 되나요?"

"바꾸어 말하면 정부 입장에서는 방산물자 구매 절차가 되겠죠. 그것도 방산업계를 이해하는 데 중요하죠."

"팀장님! 가능하면 무기체계를 사례로 설명해 주시겠어요. 그래야 쉽게 이해가 될 것 같아요."

K의 요청대로, 드론 무기체계를 예로 들어 방산물자 구입 절차를 살펴보자. 최근 드론 기술의 발전으로 군사적 활용 가치가 높아짐에 따라 군에서 드론 무기체계의 도입이 활발하게 이루어지고 있다. 그러나 드론과 같은 방산물자의 구입 절차는 생각보다 복잡하며 여러 단계를

거쳐야 한다. 보는 시각에 따라 차이가 있을 수 있지만, 가장 일반적인 절차를 사례로 살펴보자. 대략 10단계로 구분해 볼 수 있다.

제1단계 소요요청

군 내 각 병과가 특정 무기체계의 필요성을 느끼면 합동참모본부(합참)에 소요 요청을 하게 된다. 예를 들어, 육군이 휴전선 인근 경계 강화를 위해 드론 무기가 필요하다고 판단할 경우, 합참에 소요제기서를 제출하여 요청하는 절차이다. 합참은 해당 무기의 필요성을 검토한 후 다음 단계로 진행 여부를 결정하게 된다.

제2단계 소요계획 반영

합참이 소요제기서를 검토한 결과, 무기체계의 필요성이 인정되면 다른 병과와의 중복 여부나 추가적으로 고려할 사항이 있는지를 분석하게 된다. 예를 들어, 공군과 유사한 드론 운용 계획이 있다면 수량이나 도입 시기를 조정할 수 있다. 이러한 검토를 통해 전력소요서를 작성하고 이를 국방부의 소요계획에 반영하게 된다.

제3단계 선행연구

소요계획에 반영된 무기체계는 방위사업청(이하 방사청)으로 이관되며, 방사청에서는 무기 구매의 적정성을 판단하기 위한 선행연구를 한다. 드론의 종류와 가격대, 적정 수량, 중복 구매 여부 등을 종합적으로 검토하여 가장 적합한 드론 무기체계를 선정하는 과정이다.

제4단계 획득방법 결정 및 사업계약

선행연구 결과를 바탕으로 방사청은 드론 무기체계를 국내에서 개발할지, 국내 방산업체로부터 구매할지 또는 해외에서 도입할지를 결정한다. 만약 국내 개발을 선택하면 국방과학연구소(ADD)가 주도하고 방산업체가 시제업체로 참여해 기초연구부터 시제품 제작까지 진행한다. 그리고 해외 도입을 결정할 경우, 해당 국가와 '정부 대 정부' 방식의 대외 군사판매(FMS) 계약을 체결한다. 국내 조달의 경우에는 지정된 방산업체와 정식 계약을 맺게 된다.

제5단계 예산계획 수립

드론 무기체계를 구입하기 위해서는 예산이 필요하며, 이 예산은 국방부의 중기계획(5개년 계획)에 반영되어야 한다. 긴급한 경우를 제외하고, 중기계획에 포함되지 않은 예산은 사용이 어렵기 때문에 군은 미리 예산계획을 수립하여 국방부에 제출해야 한다.

제6단계 초도 생산

드론 무기가 연구개발을 통해 완성된 이후에는 소량의 초도 생산이 이루어진다. 군이 요구한 규격 조건(ROC)을 충족하는지 확인하기 위한 단계로, 방사청이 연구개발을 주도하고 국방기술품질원(기품원)이 시제품 검사를 담당한다. 초도 생산은 민간기업의 시제품 생산과 유사한 개념이다.

제7단계 양산과 납품

초도 생산 결과가 양호할 경우, 방산업체는 대량 생산(양산)을 시작하게 된다. 양산은 계약서에 명시된 일정에 따라 이루어지며, 생산된 드론은 군이 지정한 시점과 장소에 납품된다. 이 단계에서 방산업체는 본격적으로 수익을 창출하며, 군은 전력화 준비를 마무리하게 된다.

제8단계 전력화 평가

군은 납품받은 드론을 실제 현장에서 운용해 보고 문제점이나 개선 사항을 평가하게 된다. 평가 결과는 방사청과 방산업체에 전달되어 이후 개선 작업에 반영된다. 이는 사용자 평가와 유사하며, 군의 실전 운용에 맞게 무기를 개선하는 절차이다.

제9단계 운영 및 유지

납품된 드론 무기는 군에 의해 운영되고 유지된다. 모든 무기체계는 수명 주기가 있으며, 운영 및 유지 관리 비용이 발생한다. 따라서 드론의 성능을 최적화하고, 장기적으로 안정적인 운용을 보장하기 위해 정기적인 점검과 수리가 필요하다.

제10단계 폐기 처리

드론 무기의 수명이 다하게 되면 폐기 처리를 진행한다. 방산물자 폐기 시에는 안전성과 환경을 고려해야 하며, 특히 탄약과 같은 위험 요소가 있는 장비는 재사용이나 재활용을 통해 환경 규제를 준수하면서 처리한다. 이를 '비군사화 처리'라고 한다.

****

무기체계와 같은 방산물자의 획득 절차는 국토방위와 직결된 중요한 과정이다. 방산업체는 여러 단계에 따른 철저한 검토를 통해 군의 요구에 맞는 최적의 무기를 신속하고 정확하게 공급함으로써 국가안보와 방위산업의 발전에 노력하고 있다.

04.
방산업체의 기원, 조병창

“그런데 팀장님! 정부가 무기를 직접 만들 수는 없나요?”

“왜, 그런 생각을 하죠?”

“아까 방산비리를 말씀하셨잖아요. 정부가 직접 만들면 그런 비리가 없어질 것 같은데요.”

“그렇다고 과연 비리가 완전히 없어질까요?”

“전혀 불가능한 것은 아니라는 말씀이네요.”

“그렇죠. 방위산업 초창기엔 정부가 직접 만들기도 했어요. 그것도 군에서요.”

“아니! 군에서 무기를 만들었다고요?”

“차근차근 설명해 줄 테니 이야기를 들어 봐요.”

한국의 방위산업은 주로 탄약과 화력 분야에서 시작되었다. 이는 육지에서의 국가안보가 무엇보다 중요했기 때문이다. 북한이라는 명확한 위협을 마주하고 있던 한국으로서는, 육지에서의 방어와 전력 확보가 필수적이었다. 그 결과, 무기 구매 역시 주로 육군이 필요로 하는 탄약과 화포 중심으로 이루어졌다. '국방부'가 '육방부'로, '육방부'가 '포방부'로 불리던 배경이 바로 여기에 있다. 그렇다면 당시 한국은 어떻게 무기를 조달했을까?

한국 방위산업의 초기 무기 조달은 조병창(造兵廠, Armory)이라는 특수 기관에서 시작되었다. 조병창은 무기와 탄약의 설계, 제조, 유지 관리, 수리, 저장, 보급 등을 담당하기 위해 군이 직접 운영하는 공장이었다. 지금은 생소한 개념이지만 과거에는 실제로 운영된 조직이었다. 국가가 가난했던 시절에는 무기를 구입할 돈도 부족하고 변변한 방산 관련 업체도 없었기 때문이다. 현재도 몇몇 동남아 국가에서는 조병창이 실제로 운영되고 있다. 우리나라도 과거 소총의 역사에서 그 흔적을 찾아볼 수 있다.

1948년 창군 초기 한국군이 사용한 소총은 미제 M-1 소총이었다. M-1 소총은 제2차 세계대전에서 그 성능이 입증된 무기였지만, 동양인 체형의 군인이 사용하기에는 크고 무거웠다. 그런데도 당시 한국군이 사용할 수 있는 소총은 M-1이 유일했다. 베트남전이 한창이던 1960년대 중후반, 주요 참전국 중에서 M-1 소총을 개인화기로 사용하는 나라는 한국뿐이었다. 파병된 한국군은 이런 구식 소총으로도 놀라운 성과를 냈고, 이에 감명받은 미국은 한국군을 높이 평가하며 M16 소총을 포함한 각종 군용 물자를 지원하기 시작했다.

그러나 1969년 닉슨 대통령이 '닉슨 독트린'을 발표하면서 상황이 급

변하게 된다. 미국이 아시아 국가 분쟁에 직접 개입하지 않겠다는 방침을 선언하자, 박정희 대통령은 미국에만 의존할 수 없는 상황임을 인식하였고, 그때부터 기본 화기의 국산화 계획을 서둘렀다. 1968년부터 한미 간에 M16 소총을 국내에서 생산하기로 합의가 되어 있었지만, 닉슨 독트린 발표 이후 미국의 군사원조가 지연되면서 1971년 3월에야 콜트사와의 계약이 체결되었다. 그 결과물이 바로 부산 조병창이었다.

1972년, 대통령령으로 조병창 설치의 법적 근거가 마련되었고, 국군이 사용할 개인화기를 생산하기 위해 조병창 건설이 본격화하였다. 1973년 11월에 완공된 부산 조병창은 이듬해부터 생산에 들어갔다. 박정희 대통령이 전국을 헬기로 돌아다니며 장소를 선정한 끝에 지금의 부산시 기장군 일대를 선택하였다. 이곳은 철마산과 공덕산 등으로 둘러싸여 있어, 적의 전투기 폭격에도 안전한 천혜의 요새 같은 곳이어서 박 대통령이 결정했다는 설(說)이 있다.

부산 조병창은 원자재 투입부터 완제품 생산까지 모든 공정을 한곳에서 수행할 수 있는 원스톱 공정으로 설계되었다. 당시로서는 최첨단 제조시설이었다. 미국 콜트사로부터 면허 생산권을 받아 M16 소총을 생산하기 시작한 것이 1974년이다. 부산 조병창은 국가사업 민영화 정책에 따라 1981년 말 대우그룹으로 넘어가게 된다. 이후 몇 차례 우여곡절을 거쳐 현재는 방산업체 SNT모티브가 운영하고 있다.

* * * * * * * * * *

부산 조병창이 중요한 이유는 단순히 M16 소총을 면허 생산하는 데 그치지 않고, 권총, 기관단총, 기관총 등 다양한 총기를 독자적으로 개발할 수 있는 플랫폼을 구축했다는 점이다. 민간기업의 기술력이 취약했던 당시, 조병창의 운영 경험은 우리나라 정밀기계공업의 산실 역할을 했다. 이러한 이유로 부산 조병창을 한국 방위산업의 출발점으로 본다.

탄약과 화력 분야와 달리 해군의 함정분야 사업은 상대적으로 발달 속도가 늦었다. 지형적으로 삼면이 바다임에도 불구하고, 삼팔선 너머의 적이 경계 대상의 우선이었기 때문이다. 해군의 역할은 주로 육군을 지원하는 것이었고, 해상에서의 대간첩 작전과 포격전이 중심이었다. 이에 따라 해군 함정이나 잠수함 같은 방산물자 개발은 우선순위에서 밀려났다. 그러나 민간 조선업의 발달 덕분에 방위산업 인프라가 함께 성장할 수 있었다.

항공 분야는 더욱 어려운 상황이었다. 공군의 전력 핵심은 누가 뭐라 해도 전투기다. 전투기는 수많은 무기체계 중에서도 최신 무기이자 첨단장비에 가깝다. 고도의 기술력이 장기간 뒷받침되어야 하기 때문이다. 따라서 국산화가 그만큼 어려울 수밖에 없었다. 그래서일까? 2000년대에 들어와 김대중 대통령이 국산 전투기를 언급한 이후 처음 주목을 받았다. 그리고 20여 년이 흐른 후인 2023년에야 비로소 한국형 전투기(KF-21) 시제기가 우리 힘으로 제작되었다. 이처럼 항공기는 오랜 경험과 장기적인 투자, 큰 비용이 필요한 사업 영역이다. 육군의 첫 전차를 국내에서 제작한 것이 1987년, 그리고 해군 사업부가 국산 구축함을 배치한 것이 1990년대 후반이었다. 반면에 국산 전투기는 최근에야 걸음마를 떼기 시작한 셈이다.

한국 방위산업의 역사는 탄약과 화력 분야에서 시작해 육군 중심으로 성장해 왔으며, 해군과 공군 분야는 비교적 늦게 발전하였다. 그럼에도 조병창과 같은 초기 자주국방의 노력은 한국 방위산업의 기틀을 마련하는 데 큰 역할을 했다. 이처럼 자주국방을 향한 지속적인 노력과 투자 덕분에 오늘날 한국 방위산업은 세계적인 수준으로 비상하고 있다.

05.
무기체계 명칭에 숨겨진 비밀

"팀장님! 평소 궁금했던 게 있었는데요?"

"뭔데요."

"무기 이름이요. 여러 가지로 부르던데요."

"어떻게요."

"예를 들어 한국형 차세대 전투기를 KF-21, KF-X, 보라매 등으로 말하던데 이 중 어느 게 맞는 건가요?"

"다 맞아요."

모든 무기에는 이름이 있다. 무기체계 명칭은 단순한 숫자나 영문자가 아니며 엄격한 기준에 따라 만들어진다. 국방부의 국방전력발전업무훈령에 따르면, 무기의 명칭 체계는 크게 전력명, 통상명칭, 고유명칭으로 나뉜다.

대표적인 예로 KF-21 보라매를 들 수 있다. 이 전투기의 전력명은 KF-X, 고유명칭은 KF-21, 그리고 통상명칭은 보라매다. 여기서 KF-X

는 "Korean Fighter eXperimental"의 약어로, 한국형 차세대 전투기 개발을 의미하는 사업명이다. 이처럼 전력명은 개발 단계에서 주로 사용되며, 전력화 이후에도 병행 사용될 수 있다.

또한 무기는 별칭을 통해 그 성능이나 이미지를 상징적으로 표현하기도 한다. MLRS(Multiple Launch Rocket System), 일명 강철비(Steel Rain)가 그 대표적인 사례다. 이 무기는 1991년 걸프전에서 대규모 로켓 포탄이 발사되며 수많은 철의 탄환이 적진에 쏟아지는 장면을 보고 이라크군이 붙인 별명이다. 2017년 북한 쿠데타 발생을 가상으로 했던 영화 제목도 '강철비'였다. 배우 정우성과 곽도원이 열연하였다.

****

무기의 이름을 결정하는 과정에는 다양한 규칙이 존재한다. 그중 가장 대표적인 것은 국적과 기능에 따라 달라지는 알파벳 기호다.

첫째, 국적을 나타내는 약자다.

한국군 무기체계에서 자주 등장하는 K는 Korea를 의미한다. 예를 들어 K1 전차와 K9 자주포가 그 예이다. 반면, 미군 무기체계에서는 M이 주로 사용되는데, 이는 Model의 약자로, Military가 아니라 설계 단계의 모델 번호를 의미한다. M16A2 소총에서 A는 개량형을 의미하고, 2는 두 번째 개량된 모델임을 나타낸다.

둘째, 항공기의 임무에 따른 알파벳 구분이다.

항공기의 명칭은 임무에 따라 분류된다. F-15K와 같은 명칭에서 F는 Fighter(전투기)를 의미하며, K는 한국군에서 사용함을 나타낸다. A는 공격기(Attacker), B는 폭격기(Bomber), C는 수송기(Cargo), H는 헬리콥터(Helicopter), T는 훈련기(Trainer)를 뜻하는데, 이와 같은 규칙은 무기의 특성과 임무를 명확히 구분하기 위해 마련된 체계다.

셋째, 함정 명칭의 역사적 상징이다.

해군 함정은 대개 역사적 인물이나 지명에서 이름을 따온다. 예를 들어 이지스 구축함 KDX-Ⅲ급 함정에는 이순신, 문무대왕, 대조영 등의 이름이 붙여졌는데, 대한민국의 해양 방위를 상징하는 역사적 인물들을 기리기 위함이다. 반면, 호위함에는 대구, 울산 등 광역시도의 지명이, 그리고 초계함에는 포항 등 기타 도시의 이름이 붙는다. 상륙함에는 우리나라 봉우리와 섬의 이름이 붙고, 잠수함에는 안중근함, 손원일함과 같이 독립운동가의 이름이 사용된다.

무기는 개발 단계에서의 이름과 양산 단계에서의 이름이 다를 수 있다. 대표적인 예로 천궁을 들 수 있다. 처음 개발 단계에서는 미국산 호크 미사일을 대체하는 '철매-Ⅱ'로 불렸으나, 양산 이후에는 '천궁'이라는 고유명칭을 부여받았다. 이는 '하늘이 내린 활'이라는 의미를 담고 있으며, 영공 방어를 상징하는 무기로 자리 잡았다.

무기의 수출과 내수용 명칭도 다르다. 예를 들어, 휴대용 대공 유도무기 신궁은 국내에서 '새로운 화살'을 의미하는 이름으로 불리지만, 수출 시에는 카이런(Chiron)이라는 이름으로 바뀌었다. 이처럼 수출 대상국의 문화와 언어에 맞춰 이름을 변경하는 경우가 많다. K9 자주포도 인도에서 바지라(Vajra), 터키에서는 피르티나(Firtina)라는 이름으로 수출되었으며, 이는 각각 '천둥'과 '폭풍'을 의미한다.

최근에는 대국민 공모를 통해 무기의 이름을 짓는 사례도 늘고 있다. 2009년 한국형 기동헬기의 이름을 공모한 결과 수리온이라는 이름이 선정되었는데, 이는 독수리의 '수리'와 100을 의미하는 우리말 '온'을 결합한 이름으로, 독수리의 기동성과 용맹함, 100% 국산화를 의미한다.

무기의 이름은 단순한 상징 이상의 의미를 지닌다. 각 무기체계는 그 성능과 역할에 맞는 적절한 명칭을 부여받음으로써 그 중요성을 상징적으로 드러낸다. 무기의 명칭은 무기체계의 역사와 전통, 국가적 상징성을 포함하고 있으며, 국제적으로도 그 명칭이 가지는 이미지를 통해 무기의 위력과 신뢰성을 전달하는 중요한 수단이다.

2부 방산 기관

01.

국방부, 무기 구매를 결정하는 최고의 VIP

"팀장님! 방산업체와 관련된 정부기관도 많죠."

"그렇죠. 다양한 기관들이 함께 하고 있죠."

"대체로 어떤 기관들이 있나요?"

"자. 방산업체와 관련된 기관들을 하나씩 살펴봅시다."

K의 말처럼 군이 필요한 무기체계를 획득하는 과정에는 국방부를 비롯해 방위사업청(방사청), 국방과학연구소(ADD), 국방기술품질원(기품원) 등이 주요 역할을 담당한다. 방산업체는 이들 기관과의 협업을 통해 사업을 수행하며, 이 중에서도 국방부는 방산업체에 가장 중요한 고객이라 할 수 있다.

국방부는 국방에 관련된 사무를 관장하는 중앙행정기관이다. 외부의 군사적 위협과 침략으로부터 국가안보를 책임지고 이를 통해 지역 안정과 세계 평화에 기여하는 것을 목표로 한다. 국방부는 국가 방위에 관련된 군정 및 사무를 담당하고, 여기에는 당연히 무기가 필요하다. 무기를 실제로 사용하는 육·해·공 3군도 국방부가 모두 관장하고 있다. 따라서 무기체계를 수주받는 방산업체로서는 국방부가 절대적 고객이다.

국방부를 일반기업으로 비유해 보자. 물론 민간기업과 절대적인 비교는 불가능하다. 단지 무기 구매에 대한 설명과 이해의 편의를 돕기 위해서다. 국방부는 무기체계를 통해 국가안보라는 '가치'를 창출하는 서비스 기업으로, 국민의 안전을 보장하는 것이 이곳의 주된 업무다. 국방부라는 기업의 매출은 평화유지 또는 전쟁 방지로 나타난다. 즉 국방부라는 서비스 회사는 국가안보라는 지속적인 매출 달성을 위해, 무기라는 물품을 구매해 국가 안전과 국민 보호라는 가치를 창출해 내는 것이다. 국방부에는 세 개의 주요 사업본부가 있는데, 바로 육군, 해군(해병대를 포함), 공군이다. 이들은 각기 땅, 바다, 하늘에서 국가안보를 지키는 임무를 수행한다. 국방부 내에서 무기체계 구매와 관련된 조직은 전력자원관리실이며, 이 조직은 방위력개선사업 및 전력운영 분야와 관련된 중기계획을 수립하고, 무기체계와 관련된 각종 시험평가를 위한 기준과 방법을 정한다.

****

국방부 장관의 주요한 임무 중의 하나가 방위산업의 경쟁력 강화를 통한 선진강군의 육성과 함께 국가 경제 발전에 이바지하는 것이다.

이를 근거로 국방부 장관은 방사청(장)에게 방산물자 조달 계획을 수립하도록 하고, 그 일정에 따라 무기체계 등 군수품을 공급하도록 지시한다. 무기체계 공급을 위해 방산업체와 수주계약을 하는 주체가 바로 방위사업청이다. 즉 방사청은 국방부 장관의 지시를 받아 방산물자를 조달한다. 방사청은 무기체계의 구매 방식을 결정하고, 국내외 방산업체와 계약을 체결하여 군이 필요한 무기를 공급한다. 또한, 방사청은 국방부 장관 소속으로 방위사업의 주요 정책과 재원 운용을 심의하는 방위사업추진위원회(방추위)를 운영한다. 방추위는 국방부 장관이 위원장, 방사청장이 부위원장을 맡아 방위산업의 효율성을 높이고, 투명한 무기 조달을 위해 운영되는 위원회다.

"국방부가 무슨 일을 하는지는 대충 알겠어요. 일반기업과 비유하니까 쉽게 와닿네요."
"말 그대로 비유죠. 사기업과 정부기관은 추구하는 가치가 서로 다르잖아요."
"그래도 원리는 같다는 말씀이잖아요. 그럼, 국방부 장관이 방산업체와 직접 만나기도 하나요?"
"당연하죠."

국방부 장관은 방산업체 활성화를 위한 각종 정책이나 주요 방침을 계획하고 수립하는 등 방산업계 생태계 유지를 위해 노력한다. 대표적으로 '방산업체 CEO 간담회'를 들 수 있다. 이른바 소통의 자리다. 일반 회사로 치면 원청업체 대표이사가 협력업체 사장들의 애로사항을 듣는 것과 마찬가지다.

국방부 장관이 주관하는 CEO 간담회는 방사청장, 국방과학연구소(ADD)장, 국방기술품질원(기품원)장 등 정부 측 주요 인사와 주요 방산업체 CEO들이 참석한다. 이들은 각자 현재 겪고 있는 어려움과 향후 사업 방향에 대한 의견을 자유롭게 공유한다. 방산업체 경영환경의 어려움을 털어놓고 정부의 지원이나 협조를 요청한다. 최근에는 방산업체들이 글로벌 시장에서 경쟁력을 확보할 수 있도록 정부의 수출지원 강화 방안이 중점적으로 다루어지는 경향이 많다. 원자재 가격 상승과 해외 시장의 불확실성으로 인한 어려움이 대표적이다.

때로는 국방부의 새로운 정책이나 방침을 홍보하거나, 경영 위기에 처한 방산업체를 격려하기 위한 자리로 간담회가 열린다. 2023년 초, 코로나19 팬데믹 이후 어려움을 겪고 있던 방산업체들을 위해 국방부 장관이 특별 간담회를 주관했다. 당시 국방부 장관은 "방산업체들이 경제적 위기 속에서도 국가안보를 위해 헌신하고 있다"라며 감사를 표했다. 또한, "방위산업을 경제 회복의 중요한 축으로 삼겠다"라며, 방산업체들이 안정적인 경영 환경을 유지할 수 있도록 다양한 지원책을 마련하겠다고 밝혔다.

이처럼 국방부 장관과 방산업체 대표 간의 소통은 방위산업의 경쟁력을 강화하고, 상호 신뢰를 높이는 중요한 계기가 된다. 방산업체들은 국방부와의 긴밀한 협력 속에서 성장하고, 국방부는 그들의 발전을 통해 국가안보를 확고히 다진다. 이는 단순한 비즈니스 관계를 넘어, 국가안보와 직결된 긴밀한 파트너십이라고 할 수 있다.

02.
방위사업청, 조달에 특화된 획득 조직

"국방부 장관이 국가 경제 발전까지 신경 써야 한다는 사실은 정말 의외네요."

"방위산업 분야에 한해서죠. 그러나 실제 업무는 방사청이라는 전문기관에서 대부분 수행하죠."

"그래서 드리는 말씀인데, 설명 중에 국방부 장관이 방사청장에게 조달지침을 내린다고 하셨잖아요. 그러면 방사청은 조달업무만 하는 건가요?"

"무기조달이 주된 업무이긴 하죠."

방위사업청(방사청)은 군에서 필요한 전력을 최적의 조건으로 획득하여 적기에 공급하는 것을 본연의 임무로 한다. 방사청은 국방부의 군수품 조달업무를 전문적으로 수행하는 기관으로, 2006년 1월에 출범했다. 과거에는 국방부 내의 조달본부가 담당했으나, 조달 기능을 보다 투명하고 효율적으로 수행하기 위해 독립된 행정기관으로 분리되었다.

방사청의 설립 목적은 무기체계 조달과 관련된 불투명한 거래와 비리를 줄이고, 무기 구매의 전문성을 강화하는 것이다. 군사력 증강을 위해 매년 막대한 예산이 투입되는 무기 조달업무에서 방산비리가 끊이지 않았고, 이를 방지하기 위한 별도의 전문기관이 필요해 방사청이 탄생했다.

방사청은 각 군이 필요로 하는 무기체계를 효율적으로 공급하기 위한 최적의 방법을 찾아낸다. 외부의 압력으로부터 독립적으로 무기체계의 성능과 가격을 평가해, 합리적이고 투명한 조달을 지향한다. 새로운 무기체계의 연구개발, 기존 무기의 성능 개량, 새로운 무기의 구매 등 방위력개선사업을 수행한다. 군수품의 조달과 함께 방위산업 활성화도 중요한 추진 업무다. 방사청장은 차관급 고위공무원으로, 대통령이 임명한다. 산하기관으로 국방과학연구소(ADD)와 국방기술품질원(기품원)을 둔다. 결국, 방사청은 무기체계 획득 업무를 투명하게 처리하고자 설립된 조달 기관인 셈이다.

위에서 언급된 조달(Procurement), 구매(Purchase), 공급(Supply), 획득(Acquisition) 등은 거의 유사한 뜻으로 이해하면 된다. 크게 보면 모두 조직에 필요한 외부의 경영 자원들을 확보한다는 의미다. 정부기관은 조달이나 획득이라는 용어를, 그리고 일반기업은 구매라는 표현을 주로 사용한다.

"무기체계 획득과 관련된 전문기관이 방사청이라는 건 알겠어요. 회사로 따지면 일종의 구매 부서라는 비유도 적절한 것 같고요."

"맞아요. 방산업체가 애타게 기다리는 수주계약이 여기서 이루어져요. 일반 회사 발주가 구매조직에서 나오는 것과 똑같아요."

"그래서 방사청에서 방산업체 육성이나 지원도 하는 거군요."

"오케이! 정확해요. 민간기업의 구매부서가 협력업체를 양성하고 육성하는 것과 비슷한 기능이죠."

방사청은 단순한 조달기관이 아니라, 방산업계의 생태계를 유지하고 발전시키는 핵심적인 역할을 담당한다. 방산업체들이 안정적으로 경영을 이어가고, 기술력을 발전시킬 수 있도록 다각적으로 지원한다. 아울러 효과적인 무기체계 개발에 필요한 법적, 제도적 지원을 수립한다. 즉 방산업체들이 기술 개발과 생산 활동을 효율적으로 수행할 수 있도록 다양한 정책을 개발하고 시행한다. 이를 통해 방산업체의 경영 환경을 개선하고, 새로운 기술 개발을 장려하며, 안정적인 일자리를 창출하는 데 중점을 둔다. 대표적인 정책 두 가지를 소개한다.

* * * * * * * * * * *

먼저 '방산혁신기업100' 프로젝트다.

방사청은 2022년부터 국방첨단전략산업의 미래 유망기업을 육성하기 위해 대상 선정 및 지원 방법 등 기존과는 차별화된 중장기 사업방안으로 해당 정책을 도입했다.

방산혁신기업100은 4차 산업혁명으로 인한 미래전장 변화와 최근의 글로벌 공급망 변화 등 통상환경 변화에 선제적으로 대응하고자, 우주, 반도체, AI, 로봇, 드론 등 국방신산업 5대 분야를 중심으로 혁신적인 중소기업을 선정하여 육성하는 사업이다. 2022년 시행 1기 방산혁신기업에는 우주발사체, 위성 등의 경량화를 통한 성능 향상 기술을 보유한 기업, 국방 분야 전력반도체의 효율화에 필요한 기반 기술을 보유한 기업, 드론 핵심 구성품에 대한 고유 기술을 보유한 기업 등 혁신역량을 보유한 14개 기업과 기타 핵심소재·부품 관련 기술을 보유하고 있는 4개 기업을 포함해 모두 18개 기업이 선정됐다.

방산혁신기업으로 선정되면 기술개발 전용 예산과 컨설팅, 연구개발 및 수출지원 등의 방사청 지원을 받게 된다. 이외에도 자금지원·세제혜택, 고용창출, 기술교류·홍보 등의 혜택도 뒤따른다. 미래 국방첨단전략산업을 선도 개척해 나갈 방산혁신기업100 프로젝트는 2026년까지 5년간 계속된다.

다음으로 '다파고(DAPA-GO)'다.

다파고(DAPA-GO)란 방사청장이 주요 참모진과 함께 정기적으로 방산업체를 방문해 현장의 목소리를 직접 듣는 형식으로 이루어진다. 방사청장이 방산업체와의 간담회에서 나오는 문제점과 요청사항을 직접 청취하고, 이를 바탕으로 제도개선을 추진하는 방식이다. 다파고는

2018년에 처음 도입되어 현재까지도 계속되고 있다.

2024년부터는 'K-방산'이라는 국내외 수출 증대와 함께 정부 차원의 원스톱 솔루션을 제공하기 위해 '다파고(DAPA-GO) 2.0'으로 개편되어 수요군, 정부출연연구기관, 지자체 등으로 그 범위를 확대했다. 방사청은 다파고 추진을 통해 방산기업들과 끊임없이 소통하며 각 방위산업 발전을 위한 실효성 있는 지원책 마련을 위해 노력한다.

방사청은 조달과 획득업무의 전문조직으로서, 방산업계와 정부 간의 가교역할을 수행하는 중요한 기관이다. 방위산업이 국가 경제와 안보에 미치는 영향이 크다는 점에서, 방사청의 존재는 그 어느 때보다 중요한 의미를 지닌다. 방사청이 무기체계 조달업무를 어떻게 수행하느냐에 따라 국가 방위력의 수준이 결정되고, 방산업계의 미래가 좌우된다.

03.
국방과학연구소, 국산 무기체계 R&D 본산

"국방부와 방사청이 방산업체와 어떤 관계인지 이제 좀 알겠네요."

"다행이네요. 무엇보다도 방산업체로서는 최고의 고객이죠."

"제가 생각해도 '슈퍼 고객' 정도는 될 것 같아요. 그런데 방사청 산하기관으로 두 군데를 말씀하셨는데, 여기에 대해서도 말씀해 주세요."

"국방과학연구소(ADD)와 국방기술품질원(기품원), 두 곳이 있죠."

먼저 국방과학연구소(ADD, Agency for Defense Development)는 대한민국 방위산업 개발의 심장과 같은 곳이다. ADD는 무기체계의 연구와 개발, 시험을 전담하며, 첨단 국방 기술의 개발을 통해 국방력을 강화하는 걸 목표로 한다. 1970년 8월, 자주국방을 추진했던 박정희 대통령의 전폭적인 지지를 받아 설립되었다. 당시 박 대통령은 독자적인 국방력 강화를 위해서 기본적인 수준의 무기는 어떻게 해서라도 우리 힘으로 직접 만들고자 했다.

박 대통령의 결단에 따라 탄생한 ADD는 초기부터 자주국방의 핵심

축으로 자리 잡았다. 오늘날 ADD가 무기개발에서 맡고 있는 역할은 단순한 연구에 국한되지 않는다. 현재의 전장 상황에서 무기는 간단한 병기가 아니라 첨단 기술의 집합체로, 각종 센서, 소프트웨어, 통신 시스템, 그리고 인공지능(AI)까지 포함하는 복합적인 무기체계다. 이를 위해 ADD는 핵심기술과 무기체계를 다룬다.

미래 전장에서 요구되는 첨단 무기체계를 확보하기 위해, 미리 필요한 주요 기술(Key Technology)을 연구하고 개발한다. 이는 장차 무기체계 획득 시 필수적으로 필요한 기술을 선제적으로 확보하는 것이며, 미래 전장의 요구를 예측하여 그에 맞는 연구를 수행하는 방식이다. 또한 우리가 보유하지 못한 기술을 국내외 협력을 통해 공동으로 연구하고, 이를 실용화해 필요한 무기체계를 생산하거나 획득한다. 여기에는 전투기, 미사일, 레이더 시스템, 사이버 방어체계 등 다양한 분야가 포함된다.

****

ADD는 설립 이래 다양한 무기체계를 개발해 왔다. 대표적으로 K9 자주포, 천무 다연장 로켓, 차기 전투기 KF-21 보라매 등 한국군의 핵심 무기체계들이 모두 ADD의 손을 거쳐 탄생했다. 최근에는 지능형 무인기, 초고속 미사일 방어체계, 차세대 레이더 시스템 등 첨단 무기 연구 개발도 활발히 진행 중이다. ADD는 국가 차원의 안보 전략에 맞춰 장기적인 기술 개발 로드맵을 수립하고, 군이 필요로 하는 무기체계를 예측하며 이에 대한 연구개발을 수행한다. 최근에는 사이버전, 우주전, 드론전 등 미래 전장 환경에 대비한 연구에도 박차를 가하고 있다.

"무기체계 연구개발과 긴밀한 관계가 있는 연구소군요?"
"그렇죠. 새로운 무기체계를 만들기 위해서는 반드시 거쳐야 하는 곳이에요."
"방산업체와의 업무협업은 어떤 방식으로 이루어지나요?"
"간단히 말해 방산업체가 무기체계를 생산하는 데 필요한 기술을 지원하죠."

ADD와 한화시스템은 장거리 지대공미사일(L-SAM) 개발에서 긴밀한 협력을 통해 첨단 요격 기술을 개발했으며, 이는 한국형 미사일 방어체계(KAMD)의 핵심 요소로 자리 잡았다. 또한, ADD와 한국항공우주산업(KAI)은 한국형 전투기(KF-21) 개발 과정에서 다양한 기술 협력을 통해 시제기 제작에 성공하였다. ADD가 방산업체와 협업하는 내용은 어떤 게 있을까?

첫째, 연구개발(R&D) 프로젝트를 추진한다.

ADD는 방산업체와 협력하여 다양한 무기체계의 공동 연구개발 프로젝트를 수행한다. 새로운 무기체계의 개발을 위한 초기 연구부터 시제품 제작, 시험평가에 이르기까지 전 과정에 걸쳐 진행된다. 예를 들어, ADD는 최근 차세대 전투기(KF-21) 개발사업에서 한국항공우주산업(KAI)과 긴밀히 협력하여 항공기 설계, 엔진 개발, 레이더 기술 등 다양한 첨단 기술을 공동으로 연구하고 개발했다.

둘째, 기술 이전 및 기술지원이다.

ADD는 개발된 기술을 방산업체에 이전해, 해당 업체가 이를 활용해 무기체계를 생산할 수 있도록 지원한다. 기술 이전은 방산업체가 첨단 무기체계를 개발하고 생산하는 데 필요한 핵심기술을 제공함으로써, 방산업체의 기술력 향상과 국산화율 증대에 기여한다. 예를 들어, ADD는 장거리 유도탄, 전투기용 AESA 레이더, K9 자주포와 같은 주요 무기체계의 핵심기술을 이전해, 방산업체가 제품을 개발하고 생산할 수 있도록 도왔다.

셋째, 시험평가와 인증을 지원한다.

무기체계의 성능과 신뢰성을 검증하기 위해서는 다양한 시험평가가 필요하다. ADD는 개발된 무기체계의 시험평가를 수행하고, 그 결과를 방산업체와 공유하여 제품의 완성도를 높이는 역할을 한다. 방산업체와 협력해 시제품의 성능을 검증하고, 필요한 개선 사항을 제시함으로써 최종 제품이 군의 요구사항에 부합하도록 돕는다. 예를 들어, ADD는 차세대 전차(K2 흑표)의 개발 과정에서 현장 시험과 성능평가를 방산업체와 함께 수행했고, 그 결과를 바탕으로 설계 개선과 성능 향상을 끌어냈다.

이처럼 ADD는 미래 전장 환경에 대비하기 위해 방산업체와 함께 새로운 기술을 탐색하고, 이를 바탕으로 혁신적인 무기체계를 연구한다. 이러한 협업은 방산업체가 단기적인 개발 목표를 넘어서, 중장기적인 기술 개발 방향을 설정하고 이를 실현할 수 있도록 도와준다. 최근 ADD는 인공지능(AI), 무인체계, 사이버전 기술 등 차세대 국방기술 개발에 있어 다수의 방산업체와 함께 공동 연구를 추진하고 있다.

04.
국방기술품질원, 무기체계 품질의 최종 보증기관

"국방과학연구소(ADD)는 들어본 적이 있지만 국방기술품질원(기품원)은 정말로 생소한데요."

"아하! 그런가요. 명칭 그대로 K가 이해하면 되죠."

"그렇다면 품질과 관련된 기관이라는 의미인데?"

"맞아요. 제대로 맞혔어요."

국방기술품질원(DTaQ, Defense Agency for Technology and Quality)은 군(軍)에 공급되는 모든 무기의 품질을 관리하고 보증하는 기관이다. 쉽게 말해 군인들이 사용하는 무기와 장비의 품질을 책임지는 조직으로, 무기의 성능과 안정성을 평가하고 이를 보증하는 역할을 한다.

기품원은 과거 국방과학연구소(ADD) 내부에서 품질관리를 담당하는 조직이었다. 이후 품질의 중요성이 강조되면서 독립된 조직으로 성장했다. 1979년, ADD 부설 품질보증단으로 시작된 기품원은 1989년 '국방품질관리소'로 명칭이 변경되며 독립했다. 이후 방사청이 출범한

2006년, 품질보증뿐만 아니라 기술 기획과 정보 관리 업무를 맡게 되면서 현재의 기품원으로 재탄생했다.

기품원의 주요 임무는 방산물자의 품질을 철저히 관리하고, 군에 공급되는 모든 무기가 설계대로 작동하고 필요한 성능을 발휘하도록 보증하는 것이다. 무기의 품질검사와 검증을 통해 불량품이 군에 공급되는 것을 방지하고, 방산업체의 품질 수준을 유지하기 위해 꾸준히 모니터링한다.

기품원은 군이 사용하는 무기체계와 관련 기술의 품질을 보증하기 위해, 다양한 품질 평가 프로세스를 운영한다. 서울·대전·대구·창원·부산 등 지역 품질센터를 운영하며, 지역별로 방산업체와의 협업을 통해 품질관리를 강화해 나간다. 방산업체와 긴밀히 협력해 무기체계의 설계, 개발, 생산, 시험, 납품에 이르기까지 전 과정을 점검하고, 각 단계에서 품질을 보증한다.

2021년에는 국방기술진흥연구소(국기연)를 기품원의 부설기관으로 출범시켜 방위산업의 발전과 국방과학기술 혁신을 지원하고 있다. 국기연은 방위산업의 기술 경쟁력 강화를 위해 방산 육성 지원과 국방 기술 기획·관리·평가와 방위산업 육성 및 수출경쟁력 강화를 위한 기술 지원 등의 업무를 수행한다. 이처럼 기품원은 방산분야의 혁신과 발전을 위한 핵심 기구로 자리매김하며, 방산업체와의 협력을 강화하고 기술적 진보를 촉진하기 위한 다양한 활동을 전개하고 있다.

"기품원이 ADD에서 떨어져 나왔다는 점이 인상적이네요. 방산업체와 관련된 업무가 또 있나요?"

"전국 지자체와의 협업을 통해 국방벤처기업도 운용하죠."

"그건 또 뭐죠? 방산업체와는 다른 개념인가요?"

"설명할 테니 잘 들어요."

국방벤처기업 제도는 우수한 기술을 보유한 민간 중소벤처기업을 발굴해 국방시장에 진입할 수 있도록 돕는 사업이다. 지역 국방산업 활성화의 취지로, 민간의 핵심기술을 국방 분야에 활용함으로써 단기간에 국방 기술 경쟁력을 높이기 위해 설계된 제도다. 지역별로 운영되는 국방벤처센터와 협력해 추진된다. 지방 단위로 추진되는 사업이라 업무 파트너는 당연히 지방 정부다. 2003년 9월에 처음으로 서울국방벤처센터가 설립된 이래로 지금까지 12개소(서울, 부산, 경남, 대전, 광주, 구미, 전남, 전북, 충남, 울산, 충북, 강원)가 만들어져 우수한 중소기업들이 국방벤처기업으로 선정되어 운영된다. 각 지역의 중소기업들이 기품원과 협력하여 국방 분야의 기술 개발과 시장 진입을 도모한다. 예를 들어, 울산국방벤처센터는 울산지역의 우수 중소·벤처기업을 선정해 국방 과제를 발굴하고, 기술 개발을 지원한다. 이러한 방식으로 지역경제 활성화와 국방 기술력 증진에 기여한다.

기품원은 방산업체들이 군수품의 높은 품질을 유지하면서도 국제시장에서 경쟁력을 확보할 수 있도록 다양한 지원을 아끼지 않는다.

최근 국내외 방산업체의 수출 지원과 품질 경쟁력 강화를 위해 해외 무기체계 방산 전시회에 적극 참여하고, 글로벌 무기체계 인증과 관련된 다양한 정보와 지원을 제공한다. 국내 방산업체들이 글로벌 시장에 진출할 수 있도록 다양한 품질관리 방안을 제시한다. 즉 무기체계의 품질을 국제 기준에 맞게 개선하고, 방산업체들이 이를 통해 국제 경쟁력을 높일 수 있도록 적극 지원한다.

****

이외의 방산 관련 기관으로 국방부 산하 국책연구기관인 한국국방연구원(KIDA, Korea Institute for Defense Analyses)이 있다. 한국국방연구원(KIDA)은 국방부 산하의 국책 연구기관으로, 국방정책 수립을 위해 국방 전반에 걸친 문제를 전문적으로 연구하고 분석한다. 단순히 무기체계 구매를 넘어, 무기를 언제, 어떻게 획득할 것인지, 또 어떻게 사용할 것인지에 대한 장기적이고 종합적인 로드맵도 함께 제공한다. 제한된 국방 예산을 효율적으로 활용하여 최적의 무기체계를 확보하고, 국방력을 강화하는 것을 설립 목적으로 한다. 국방부 장관을 보좌하며, 무기체계 구매 결정 시 발생할 수 있는 다양한 파급효과를 분석해 안보, 외교, 국제질서 등 여러 측면에서 전략적 지원을 제공하고 있다.

05.
방위산업진흥회, 방산업체를 지원하는 민간기관

"정부기관에 대한 설명은 잘 들었습니다."

"K에게 도움이 되었으면 좋겠네요."

"혹시 방산 기관 중에 민간기구도 있나요?"

"방진회라고 있죠."

한국 방위산업의 발전을 선도하는 민간기관으로 한국방위산업진흥회(방진회)가 있다. 방산업계와 정부 간의 통로 역할을 하는 기관으로 사단법인이다. 1976년 한국군수산업진흥회로 출범해 1979년에 현재의 명칭으로 변경되었다. 이후 50여 년 가까이 방위산업의 경쟁력을 강화하는 데 앞장서 왔다.

방진회는 방산업체의 다양한 애로사항을 정부에 전달하고, 정책 개선을 통해 방산업체들이 국내외에서 경쟁력을 갖출 수 있도록 지원한다. 현재 방진회는 정회원사 80여 개사, 준회원사 600여 개사 등 약 700개 방산관련 기업을 회원으로 두고 있다. 이들 기업은 정부의 방위산업 발전 목표에 따라 신기술 개발, 수출 확대, 원가절감 등 다양한 분야에서 협력하고, 방진회는 이러한 기업들의 활동을 뒷받침하는 역할을 맡고 있다.

방진회는 방위산업 관련 조사·연구와 법령 및 제도개선에 중점을 두고, 방산업체들의 수출 촉진과 국제 협력사업을 적극적으로 지원한다. 이를 위해 국내외 기술자료를 수집하고 정보 교류를 활성화하고, 방산 관련 간행물을 발간해 방산업계에 최신 동향과 정보를 제공한다.

최근 방진회는 국방원가관리사 자격 시스템을 도입해 방산원가 관련 전문성을 강화하고 있다. 국방원가관리사는 방위산업 관련 연구개발 및 제조 과정에서 발생하는 원가를 분석하고 관리하는 전문 자격증이다. 2024년 1회 자격시험이 시행되어 방산업체들의 원가절감 효율화 제고에 기여하고 있다.

방진회의 주요 업무는 방위산업의 경쟁력을 높이는 것뿐만 아니라, 회원사의 애로사항을 해결하고 법령 및 제도개선을 추진하는 역할을 포함한다. 이를 위해 정기적으로 회원사의 의견을 수렴하고, 방사청 등 정부와의 협력을 통한 실질적인 정책 개선을 도모한다.

2021년 제17대 방진회장으로 취임한 김유진 휴니드테크놀러지스 회장이 제18대 방진회 회장으로 2024년 다시 선임되었다. 김 회장은 2002년부터 무선통신 및 항공 사업 분야에서 방산업체를 운영해 온 경험을 바탕으로 방위산업의 글로벌 경쟁력 강화에 앞장서고 있다.

"그렇군요. 또 하나 궁금한 게 있는데요."

"말해 보세요."

"방위산업과 관련된 협회나 학회도 있나요?"

"당연하죠."

방진회 외에도 국내 방위산업 발전을 지원하는 민간 중심의 여러 협회와 학회들이 적지 않다.

****

2020년 7월 출범한 방산중소벤처기업협회는 중소·벤처 기업의 방위산업 진입을 지원한다. 방사청이 설립을 허가한 최초의 민간 단체로, 중소·벤처 기업이 글로벌 시장에서 경쟁력을 갖출 수 있도록 다양한 정책을 제공한다.

한국방위산업수출협회는 2019년 중소기업들의 방산 수출을 촉진하기 위해 설립됐다. 방산 수출에 대한 전문성을 갖춘 산·학·연 전문가들이 중소기업들이 방산 수출 시장에 진입할 수 있도록 다방면으로 지원하고, 정부와의 협력을 통해 수출 절차의 간소화 및 법적 지원도 강구한다.

한국군수품수출협회는 정부 주도의 한계를 극복하고, 기업이 스스로 수출 시장을 개척할 수 있도록 돕기 위해 설립된 협회이다. 기업들의 독자적인 수출 전략 수립을 지원하고, 해외 시장에서의 경쟁력 강화를 목표로 한다.

무기체계안전협회는 2018년 설립되어, 무기체계의 안전성과 신뢰성을 연구함으로써 방위력 향상에 기여하고, 창원 방산중소기업협의회는 지역 내 방산업체들이 기술 혁신과 해외 시장 개척을 통해 성장할 수 있도록 지원한다.

한국방위산업학회와 군사과학기술학회는 다양한 학술연구와 정보교류를 통해 방위산업과 군사 과학기술의 발전을 도모하고, 국방경영분석학회는 국방경영과 관련된 연구와 정보교환을 통해 국방경영의 효율성을 높이고 있다.

국방기술학회는 국방 기술의 발전을 목표로 산·학·연 및 민·관·군 간의 협력을 촉진하고, 국방획득혁신학회는 국방획득 관련 연구를 통해 국방정책 개선과 방위산업 발전에 노력한다.

협회와 학회들은 각기 다른 활동을 수행하고 있지만, 모두 방위산업의 발전과 글로벌 경쟁력 강화를 목표로 한다. 방진회와의 협력은 물론, 정부와 방산업체들이 함께 힘을 모아 국가안보를 지키고 경제 성장을 이루는 데 나름의 역할을 맡는다. 방위산업이 단순히 국가 방위를 넘어, 국가 경제와 첨단 기술의 중추적 역할을 담당하는 만큼, 이러한 단체들의 역할은 갈수록 중요해질 전망이다.

3부

방산업계 이해

01.
내수 물량 vs 글로벌 수출

방위산업은 대표적인 제조업으로, 대량 생산을 통해 제품을 판매하는 사업이다. 제조업이라고 하면 보통 자동차나 반도체산업을 떠올리기 쉽지만, 방위산업도 같은 원리로 운영된다. 차이점이라면 자동차 대신 전차, 반도체 대신 전자전 장비를 만든다는 점이다. 방산업체는 고객(정부)의 주문에 따라 생산에 들어간다. 이른바 '선주문, 후생산' 방식이다. 즉, 방산업체는 정부와 계약을 먼저 체결하고 방산물자 생산이나 개발을 시작한다. 일반 민간기업이 불특정 다수의 소비자를 대상으로 판매하는 것과는 본질적으로 다른 구조다.

"무기를 만들 뿐이지 기본 원리는 제조업과 크게 다르지 않다는 말씀이네요."
"그렇죠. 고객이 정부라는 특수성도 있고요."

방산업체가 정부에 전적으로 의존하는 '주문생산(MTO, make-toorder)' 방식은 수주산업의 전형적인 형태이다. 민간기업이 즉각적인 고객의 수요에 대응해 물건을 미리 생산하는 것과 달리, 방산업체는 정부의 주문이 확정된 후에만 생산에 착수한다. 이는 방위산업의 구조적 특성상 불가피한 일이다. 따라서 방산업체도 가능한 많은 수주물량을 확보하는 것이 우선 과제다. 하지만 정부 예산에는 항상 한계가 있다. 방산업체도 이윤을 추구하는 기업이다 보니 국내 시장만으로 만족하지 못한다. 방산업체들이 해외 시장으로 눈을 돌리는 이유다.

최근 한국 방산업체들의 해외 진출 노력은 상당한 성과를 보였다. 대표적인 수출 품목으로 현대로템의 K2 전차와 한화디펜스의 K9 자주포가 있다. 분단이라는 한국적 상황이 탄약과 화력 무기체계의 발전을 가져온 덕분이다. 두 무기체계는 그동안 해외 여러 국가에 꾸준히 수출되었다. 2022년, 폴란드와 7조 상당의 대규모 계약을 체결해 화제가 되었다. 단순히 계약 규모를 넘어 K-방산이 국제적 경쟁력을 확인해주는 중요한 사건이었다. 한국의 무기체계가 주목받는 까닭은 가격 경쟁력과 더불어 기술적 우수성과 신뢰성, 다양한 전투 환경에 적합한 성능 때문이다. 이러한 성공은 앞으로도 더 많은 기회를 창출할 것이다.

"방산업체들이 해외 시장을 개척하는 나름의 이유가 있었군요."

"맞아요. 결국 생존을 위해서죠."

"방산업계가 예산의 제약으로 내수시장에 만족하지 못한다는 의미를 이제야 알겠네요."

"시장의 규모가 한정되어 있다는 건 기업들로서는 치명적인 조건이죠."

"그래서 밖으로 눈을 돌렸다, 이거네요."

"그것 말고는 다른 뾰족한 해결책이 없잖아요."

방산업체들은 해외 시장 공략에 막대한 투자와 노력을 기울인다. 내수물량이 정부의 예산으로 안정적이기는 하지만, 그 한계가 명확하기 때문이다. 국내 시장만으로는 방산업체의 지속 가능한 성장을 담보할 수 없어 해외 시장 판로 확보가 필수적이다. 방산업체들이 적극적으로 해외 시장을 개척하며 수출에 박차를 가하는 이유다.

정부도 이러한 상황을 잘 알고 있다. 그래서 방산업체의 해외 진출을 적극적으로 지원한다. 국내 방산업체들이 글로벌 시장에서 경쟁력을 갖추기 위해서는 정부의 정책적 지원이 필수적이다. 정부는 국내 시장의 한계를 극복하고 방산업체의 활성화를 위해 다양한 지원 프로그램을 운영하고 있다. 실제로 방산업체들이 국외 시장에서 성과를 내기 위해 필요한 네트워크와 자금을 지원하고, 수출과 관련된 법적 규제와 행정 절차를 간소화하는 등의 조치를 하고 있다.

****

K-방산의 성공적인 해외 진출은 한국 방위산업의 미래를 밝게 해준다. 정부와 방산업체들이 긴밀히 협력하고, 글로벌 시장에서의 경쟁력

을 강화함으로써, 더욱 중요한 위치를 선점할 수 있다. 방위산업이 국가안보를 넘어 경제적 성장을 견인하는 중요한 산업으로 자리 잡는 데, 방산업체들이 핵심적인 역할을 할 것임은 분명하다. 향후 K-방산이 해외 시장에서 성공하기 위해서는 여러 전략이 필요하지만, 대략 4가지로 정리할 수 있다.

첫째, 현지화 전략이다.

각국의 방산 수요와 환경에 맞춰 제품을 최적화하고, 현지의 군 관계자들과 긴밀한 협력을 유지하는 것이 필수적이다.

둘째, 기술 협력 강화다.

단순한 무기 수출을 넘어 수입국의 방위산업과 기술 협력, 공동 개발 등을 통해 시장에 깊숙이 진입할 수 있어야 한다.

셋째, 지속적인 혁신과 투자다.

방산업체들은 새로운 기술 개발과 제품 혁신에 꾸준히 투자해야 한다. 기존 제품의 업그레이드를 넘어, 새로운 전장 환경과 미래 전투의 양상에 맞춘 새로운 무기체계를 끊임없이 연구하고 개발해야 한다.

넷째, 브랜딩 전략 강화다.

한국의 방위산업이 글로벌 시장에서 신뢰받는 브랜드로 자리 잡기 위해서는, 단순한 기술력뿐만 아니라 마케팅과 홍보 전략도 중요하다. 국제 방산 전시회 참가, 현지 마케팅 강화, 전략적 파트너십 구축 등을 통해 입지를 확대해야 한다.

02.
업체별 규모도 각양각색

"방산업체도 주식시장에 상장할 수가 있나요?"

"그럼요. K도 뉴스에서 들어봤을 텐데요? '테마주'라고."

"그런데 그게 방산업체와 무슨 상관이 있죠?"

"방산업체에도 '방산주'라고 부르는 테마주가 있거든요."

현재 30여 개 방산업체가 주식시장에 상장되어 있다. 대체로 코스피에 대기업과 중견기업이 상장되어 있으며, 코스닥에는 중소기업이 많다. 주식시장에 상장된 방산업체들은 흔히 '방산주'라고 불리며, 한반도의 정치·군사적 정세와 밀접하게 연관되어 움직인다. 한반도 정세가 불안정하거나 북한의 도발 행위가 있을 경우, 방산주의 주가는 급등하는 경향을 보인다.

최근에는 러시아-우크라이나 전쟁과 같은 국제적 군사 갈등으로 인해 무기 수출 기대가 높아지면서 방산주의 주가가 상승하는 모습을 보이기도 했다. 주식시장에 관심이 있는 사람이라면, 상장된 방산업체들의 경영 성과나 실적에 주목할 필요가 있다. 주식상장은 기업공개(IPO)가 전제되기 때문에 기업의 경영정보를 투명하게 검증하는 기회를 제공한다. 이는 방산업계의 동향을 이해하고, 시장의 변동성을 예측하는 데 중요한 단서가 된다.

방산업체의 구조와 체계는 기업의 규모에 따라 천차만별로 다르게 나타난다. 대기업, 중견기업, 중소기업 모두가 방위산업에 참여하고 있으며, 그 형태와 운영 방식은 생산하는 무기체계와 경영진의 전략적 가치에 따라 각기 다르다.

대기업은 막대한 자본과 인프라를 바탕으로 첨단 무기체계를 개발하고 생산하는 데 주력한다. 그리고 중견기업은 주로 특정 분야에서 경쟁력을 갖추며, 핵심 무기체계나 부품을 생산한다. 방산업체 중 가장 큰 비율을 차지하는 중소기업은 그 규모와 역량이 매우 다양하며, 대부분 특정 부품이나 소재를 개발해 체계업체 납품하는 역할을 맡는다. 중소 방산업체들은 대기업과 중견기업의 공급망에 필수적인 구성 요소다.

대표적인 대기업 방산업체로는 한화그룹의 방산 계열사(한화에어로스페이스, 한화시스템, 한화오션), 현대차그룹 방산 계열사(현대로템, 기아, 현대위아) 등이 있다.

* * * * * * * * * *

2014년, 지금의 방산업계 규모와 구도를 결정짓는 큰 사건이 발생했다. 삼성그룹과 한화그룹 사이에 역대 최대 규모의 '빅딜'이 성사됐다. 그해 11월, 한화그룹은 삼성그룹의 방산 계열사 2개(삼성테크윈, 삼성탈레스)와 석유화학 계열사 2개(삼성종합화학, 삼성토탈) 등 총 4개 계열사를 약 1조 8500억 원에 인수하기로 발표했다. 이 결정은 당시 국내 재계와 방산업계에 큰 파장을 일으켰다.

"삼성그룹은 왜 방산 계열사를 한화그룹에 넘겼나요?"
"당시에도 K처럼 궁금해하는 여론이 많았어요?"
"한화그룹으로서는 플러스가 되니까 적극적이었을 거고, 삼성그룹은 왜죠?"
"가장 큰 이유는 방산과 민수사업의 차이라고 봐야죠."

한화그룹은 '빅딜'을 통해 방위산업 분야에서 확고한 1위 자리를 차지하고 재계 순위도 상승했다. 언론은 한화그룹이 주력 사업에 집중하면서 경쟁력을 강화하고, 적절한 시점에 인수합병(M&A)을 통해 계열사 간 시너지를 극대화했다고 평가했다. 삼성그룹에서 상대적으로 비중이 작았던 방산업체 2개사는 한화그룹의 품에 안기면서 단숨에 '주력 계열사'로 떠올랐다. 방산 계열사 매출 비중이 급격하게 증가하면서 한화는 명실상부한 국내 1위 방산업체로 자리매김하게 되었다.

삼성그룹이 방산 계열사를 정리한 배경에는 여러 가지 해석이 뒤따

랐다. 삼성전자가 그룹 내에서 차지하는 비중이 절대적인 만큼, 방산 계열사의 경영 기여도가 상대적으로 낮았던 것도 그 이유 중 하나로 거론됐다. 기존 삼성그룹 방산 계열사들은 꾸준한 노력으로 여러 사업을 수주하며 자리를 지켜왔으나, 삼성의 '민수제품' 위주의 사업 문화와는 본질적으로 맞지 않았다는 분석도 이어졌다. 민수제품은 시장의 변화에 민첩하게 대응해야 하는데, 방산 품목은 정부 예산에 따라 움직이는 장기적인 사업이라는 지적이었다. 또한, 반도체와 같은 고이윤 사업에 집중하던 삼성그룹에게 방위산업은 매력적이지 않았다는 평가도 있었다. 방위산업은 이윤율이 일정하고 예측이 가능한 사업 구조를 지니고 있음에도, 고수익을 추구하는 삼성의 전략과는 맞지 않았다는 견해가 우세했다.

2015년에 완료된 이 '빅딜'은 양측 모두에게 긍정적인 결과를 가져왔다. 한화그룹은 삼성그룹의 방산사업 부문을 인수하면서 '경제적 규모'를 키웠고, 방산업계에서 1위 자리를 더욱 공고히 하였다. 삼성은 그룹 내 비주력 계열사를 정리하면서 '경영효율화'라는 명분을 얻었다.

양 그룹의 빅딜은 국내 방산업계에도 작지 않은 파장을 일으켰다. 특히 한화그룹과 경쟁 관계인 기업들에 상당한 압박으로 다가왔다. 동시에 중소형 방산기업에는 새로운 기회를 모색하는 계기가 됐다. 이후 방산업계 내 경쟁이 더욱 치열해지면서 방산업체 생태계에 커다란 변화를 예고했다.

03.
방산업체는 망한다 or 망하지 않는다

"팀장님. 방산업체는 절대 망하지는 않겠네요? 어차피 정부에서 발주가 나오잖아요?"

"반드시 그렇다고 할 수는 없어요."

방산업체로 한 번 지정되었다고 해서 영구불변의 자격이 되는 것은 결코 아니다. 방산업체로서의 자격을 유지하기 위해서는 안정적인 무기체계 공급처로서의 신뢰성과 엄격한 품질보증이 필수적이다. 만약 이러한 조건을 충족하지 못할 경우, 해당 방산업체는 지정이 취소될 수 있다. 이러한 상황은 대개 방산업체의 심각한 경영악화나 해외 매각 등의 특수한 사유로 발생한다. 가장 대표적인 사례가 2018년 G사의 방산업체 지정취소였다. 당시 G사는 경영난으로 인해 중국 기업에 매각되면서, 군용 전투기 타이어를 공급하던 방산업체로서의 자격을 잃었다.

"그래도 방산업체가 취소되지 않으면 망하지는 않잖아요?"

"꼭 그렇지는 않아요. 전문화 · 계열화 제도가 폐지되면서 그런 원칙도 깨져버렸거든요."

"전문화 · 계열화 제도는 또 뭔가요?"

"쉽게 말해 '1 무기체계 : 1 방산업체' 원칙이에요. 즉 특정업체에게 특정 무기 생산을 전문적으로 맡기는 제도죠. 예를 들어 전차는 현대로템, 군용 차량은 기아, 항공기는 한국항공우주산업(KAI) 이런 식으로 말이에요."

우리나라 방위산업 역사에서 전문화·계열화 제도는 방산업체의 성장을 이끈 중요한 원동력이었다. 이 제도는 낙후된 방위산업을 빠르게 성장시키기 위해 도입되었고, 그 목적 또한 명확했다. 무기체계의 품질을 확보하고, 납기 미충족으로 인한 전력 공백을 방지하며, 특정 방산업체가 전문적으로 무기 생산을 담당하게 함으로써 안정적인 수익 창출과 기술개발의 전문성을 강화하는 것이었다. 여기에는 크게 4가지 원칙이 있었다.

제1 원칙, 품질 및 납기 준수

무기체계 품질의 하자나 납기 미충족으로 인한 전력 공백을 최소화한다.

제2 원칙, 전문성 강화

무기체계별로 특정 방산업체를 지정해 전문성을 담보한다.

제3 원칙, 적정 이윤 보장

특정 무기체계 제작 권한을 지정 업체에 부여하고 적정 이윤을 보장한다.

제4 원칙, 중복 투자 방지

정부 예산을 최대한 효율적으로 사용하기 위해 제조시설이나 생산설비의 중복 투자를 허용하지 않는다.

* * * * * * * * * *

전문화·계열화 제도와 같은 유사한 제도는 당시 다른 나라에도 있었다. 하지만 우리나라처럼 법에 명문화해 놓는 경우는 거의 없었다. 이처럼 법적 장치를 통해 방산업체로 지정된 기업은 장기간 특정 무기체계 개발과 생산을 담당함으로써 안정적으로 수익을 창출하고 기술개발의 전문성을 축적해 나갈 수 있었다. 현재 주요 방산업체로 지정된 대부분 기업이 당시 이런 제도적 지원에 힘입어 성장했다. 하지만 20세기 말 전문화·계열화 제도가 방위산업 경쟁력을 저해한다는 여론이 일기 시작했다. 이제는 방산업체도 시장의 경쟁 원리에 맡겨야 할 때가 됐다는 논리였다. 전문화·계열화 제도를 폐지하자는 사람들의 주장은 △기득권 고착화 △경쟁력 저하 △진입장벽 강화 등 3가지로 정리할 수 있다.

첫째, 기득권 고착화는 한 번 지정된 방산업체가 기득권에 안주하게 되며, 경영 개선이나 기술개발에 소극적일 수밖에 없다는 것이고 둘째,

경쟁력 저하는 어차피 적정 이윤이 보장되기 때문에 방산업체가 비용 절감이나 품질 향상에 노력을 기울이지 않는다는 점을 지적했다. 셋째, 진입장벽 강화는 신설 기업이나 업체가 방위산업에 진입하기 어려워 결과적으로 기존 방산업체의 '그들만의 리그'로 전락하게 된다는 사실을 강조했다.

이러한 분위기가 대세로 형성되어 정부는 2006년에 전문화·계열화 제도의 폐지를 결정했고, 2008년 말 완전히 폐지했다. 이후 방산물자의 복수지정 확대가 가속화함에 따라 방산업체 간의 다툼이 치열해지고, 방산업계도 완전경쟁 체제에 돌입하게 되었다.

제도의 폐지로 인해 방산업체들은 더 이상 안정적인 보호를 받지 못했고, 냉혹한 시장 경쟁의 장으로 내몰렸다. 하지만 이러한 변화는 다양한 부작용을 초래했다.

방산업체들이 생존을 목적으로 생산라인을 멈추지 않기 위해 저가 수주를 경쟁적으로 받아들였다. 이는 결국 품질 저하와 비용 상승을 동시에 초래했다. 방산업체 간의 중복 투자를 유발했고, 국가 차원의 비용 증가로 이어졌다. 게다가 수주에서 탈락한 방산업체는 투자한 설비와 인프라를 활용할 수 없어 심각한 경영난에 직면하고 말았다. 이런 문제를 완화하기 위해 정부가 발주물량을 여러 업체에 나누어주는 방식으로 대응하기도 하지만, 이는 본래의 시장 경쟁 도입 취지와는 어긋난다.

****

방산업체가 절대 망하지 않는다는 말은 이제 옛말이 되었다. 정부 발주물량이 보장되더라도 시장 경쟁 원리가 강화되면서 끊임없이 혁신하고 경쟁력을 높이지 않으면 생존할 수 없는 시대가 되었다. 방산업체가 망하지 않으려면 시장의 변화에 민첩하게 대응하고, 비용 절감과 기술 혁신을 추구해야 한다.

결론적으로, 방산업체는 망할 수 있다. 그래서 전략적 대응을 통해 새로운 기회를 모색하고, 발전과 성장의 기회를 끊임없이 시도해야 한다. 해외 판로 확보가 대표적인 사례다. 방위산업은 여전히 국가안보와 직결된 중요한 분야이지만, 기업이 영속하기 위해서는 전통적인 보호막에 의존하기보다는 스스로 경쟁력을 키워야 하는 시대로 들어섰다.

04.
방위산업의 생태계

방위산업은 군대에 필요한 방산물자를 개발하고 제작해서 공급하는 프로세스로 구성된다. 간단히 말하자면 군인이 사용하는 무기체계와 관련된 사업 분야다. 민간 회사가 일반 소비자를 상대로 마케팅을 펼친다면, 방산업체는 군인이라는 특수 업무 종사자를 대상으로 한다. 무기체계란 군인이 사용하는 매우 독특한 물품이며, 수요는 전쟁과 평화 시 모두 꾸준히 발생한다. 무기는 훈련과 전투 준비에서도 필수적이다. 그래서 안정적인 사업으로 인식된다. 그러나 모든 기업이 그렇듯 방산업체도 수익을 창출하지 않으면 존재할 수 없다. 이익을 추구해야 생존할 수 있고, 갈수록 기업 간 경쟁은 치열하다.

"팀장님, 방산업체가 특수 업종이라는 건 이해했어요."

"맞아요. 육·해·공 3군이 가장 중요한 고객이죠. 물론 수출이 있긴 하지만 그것도 어차피 군의 협조를 받아야 가능해요."

"그런데 무기를 방산업체 어느 한 회사에서 다 만들 수가 있나요? 일반

자동차 회사도 보니까 협력업체가 수십 곳이 넘던데요."

"무기체계도 똑같아요. 최종 무기를 완성하기 위해서는 수십 개 협력사의 도움이 절대적이죠."

현대 무기체계의 첨단화는 매우 빠르게 발전하고 있다. 특정 기업이 독자적으로 무기 전체를 제작하는 것은 거의 불가능하며, 관련 분야의 전문 기술을 보유한 여러 업체와의 협력이 필수적이다.

우선 방위산업 생태계의 최상층에는 국방부가 위치한다. 국방부가 체계업체(또는 '주계약업체'라고도 한다)에 계약 물량을 주어야만 시장이 작동하기 시작한다. 계약 실행은 방사청이 담당한다. 이때 벌어지는 체계업체 간의 수주 경쟁은 매우 치열하다. 수주 경쟁에서 승리한 체계업체는 정부와 계약을 맺고 무기체계를 제작한 후, 이를 군에 납품하고 그에 따른 대금을 받는다. 이러한 수익이 체계업체의 매출이자 생존의 근간이 된다.

체계업체는 협력업체들을 선정하고, 무기 제조에 필요한 부품과 원재료를 다수의 협력사로부터 공급받는다. 체계업체가 모든 부품을 직접 생산하는 것은 비효율적이기 때문이다. 체계업체는 주로 규모가 큰 방산 대기업들이 맡는다. 이들은 육·해·공군에 필요한 주요 무기체계를 통합적으로 조립하고 공급하는 역할을 담당한다. 생태계의 끝에 자리한 협력업체들은 체계업체에 부품과 원료를 공급하고 대가를 수령한다. 1차 협력업체는 비교적 규모가 중소 방산기업이 많으며, 때로는 민간기업도 포함된다. 체계업체는 이러한 협력업체들과의 지속적인 협력을 통해 군의 요구에 맞는 무기체계를 완성하고 공급한다.

****

이처럼 방산업체 생존방식은 철저히 정부와의 계약에 의존한다. 체계업체는 계약을 맺고, 계약에 따라 무기를 제작해 납품한다. 무기체계를 완성하기 위해서는 다양한 협력업체의 부품과 원재료가 필요하다. 체계업체가 '주계약자'로서 이끄는 다층적인 공급망이 이때 형성된다.

국내 방위산업 시장은 상대적으로 예측이 가능한 시장이다. 국방 예산이 급격하게 감소하거나 변동하지 않는 한, 일정한 수요가 유지된다. 방산업체들이 안정적으로 생존할 수 있는 이유는 국내 시장의 꾸준한 수요 덕분이다. 방위산업 생태계는 이러한 예측 가능성을 바탕으로 움직인다. 그러나 방산업체들이 정부와 체결하는 계약 물량에만 의존해서는 지속 가능한 성장이 어렵다. 그래서 다수의 방산업체가 적극적으로 해외 시장을 개척한다. 이를 통해 국제 무기체계 시장에서도 경쟁력을 갖추려는 노력이 계속되고 있다. 즉 방위산업 생태계는 정부와 방산업체 간의 밀접한 관계를 바탕으로 진행되지만, 최근 시장 변화에 따라 새로운 과제와 도전에 직면해 있는 것이다.

"수출이 생태계를 유지하는 새로운 요소라는 거네요."

"그렇죠. 더 이상 내수시장만으로 버티기는 어렵죠."

"그런데 무기 수출이 말처럼 쉬운가요?"

"아니요. 무기체계 수출은 정치, 군사, 외교 등 여러 상황을 고려해야 할 경우가 많아요. 그래서 더 복잡하죠."

"그런 문제를 방산업체가 해결할 수는 없잖아요."

"그럼요. 정부의 지원이 반드시 동반되어야 가능하죠."

무기체계 수출은 그 특성상 쉽지도 않거니와 지속적이지도 않다. 그만큼 변수와 불확실성이 많다는 뜻이다. 특히 해외 시장 규모는 예측하기가 곤란하다. 가장 비근한 사례로 러시아와 우크라이나 분쟁처럼 언제 어떻게 전쟁이 발발할 줄 누가 예상할 수 있겠는가?

반면에 국내 시장 규모는 비교적 예측할 수 있는 수준에서 돌아간다. 국방비가 급격하게 증가하거나 감소하는 일은 웬만해서 발생하지 않기 때문이다. 점진적인 증가가 일반적이다.

따라서 방산 생태계를 지속하기 위해서는 국내 시장뿐만 아니라 해외 시장에서도 경쟁력을 갖추어야 한다. 이는 방산업체의 혁신과 효율성이 뒷받침되어야 가능하다. 아울러 체계업체와 협력업체 간의 협업이 전제되어야 한다. 업체 간 상호협력은 방위산업 전체의 발전과 지속가능한 성장에 필수적인 요소다. 방산업체의 생존 여부는 군과의 밀접한 관계에 기초하고 있지만, 그 생존의 기반을 다지기 위해서는 국내외 시장 모두에서 높은 경쟁력을 유지해야 한다. 내수시장은 안정적이지만 다량의 물량 확보를 기대하기 어려운 반면, 해외 시장은 유동적이지만 풍부한 사업적 잠재력을 가지고 있다. 그러므로 방산업체가 생존하고 성장하기 위해서는 균형을 추구하면서도 변화를 모색해야 한다.

05.
무기체계의 한마당, 방위산업전시회

방산업계는 내수시장에 의존하지 않고, 글로벌 시장으로의 확장을 위해 많은 투자와 노력을 기울인다. 방산업체들은 안정적인 국방예산으로 일정한 내수 물량을 확보할 수 있지만, 그 확장성은 제한적이다. 따라서 방산업체들은 더 큰 이윤을 창출하기 위해 해외 시장으로 눈을 돌리는데, 이때 중요한 기회가 국제 방산 전시회이다.

"K는 방산 전시회 가 본 적이 있어요?"

"아니요. 그런 전시회가 있다는 것도 몰랐습니다."

"나중에 기회가 되면 꼭 한번 시간을 내서 가 봐요."

"누구나 갈 수 있나요."

"그럼요. 생각보다 볼거리도 많아요. 영화에서나 볼 수 있는 무기를 직접 눈으로 볼 수 있거든요."

"정말요?"

방산 전시회는 무기체계를 전시하는 엑스포(EXPO)로, 일반 무역박람회와 달리 무기체계 분야에 특화되어 있다. 이러한 전시회는 방산업체들이 자사의 최신 기술을 선보이고, 해외 정부 및 군 관계자들과의 네트워크를 강화할 수 있는 중요한 장으로 활용된다. 정부 역시 방산업체의 해외 전시회 참여를 적극적으로 지원한다. 국내 방위산업의 글로벌 진출을 촉진하고, 자주국방을 넘어 세계 시장에서의 경쟁력을 강화하기 위함이다.

방산 전시회는 단순한 무기 거래를 넘어, 각국 정부와 군사 전문가들이 교류하고 네트워크를 형성하는 기회의 마당이다. 전시회들은 무기체계의 첨단 기술을 선보이는 동시에 국가 간 방산 협력을 강화하는 플랫폼으로 기능한다.

****

국내에서는 육·해·공 3군을 중심으로 세 가지 대표적인 방위산업 전시회가 2년 주기로 개최된다. 각각의 전시회는 특정 무기체계 분야에 특화되어 있으며, 글로벌 방산 네트워크 형성에 중요한 역할을 하고 있다.

가. 대한민국 방위산업전 (DX KOREA)

DX KOREA(Defense & Security Expo Korea)는 한국 육군이 주최하는 지상무기 중심의 방위산업 전시회로, 2년마다(짝수 연도) 열리는 대규모 행사다. DX KOREA는 아시아 최대의 국방·방산 네트워킹 플랫폼으로, 지상군 무기체계를 포함한 방산 전 분야에서 중요한 콘텐츠로 구성된다. 국내외 방산업체와 정부, 군 관계자들이 한자리에 모여 최신 기술과 전략을 공유하는 공간이다. 최근에는 한국 방산업체들이 이 전시회를 통해 자주국방의 기술력을 선보이며, 세계 시장에서의 수출 기회를 확대하고 있다.

국내 지상무기 전시회는 DX KOREA라는 이름으로 2014년부터 격년제로 육군협회(주최)와 민간기업 IDK(주관)가 함께 개최했다. 하지만 2024년에는 수익 배분 등의 문제로 KADEX와 DX KOREA가 각각 따로 충남 계룡과 경기 고양에서 개최됐다.

나. 국제해양방위산업전 (MADEX)

MADEX(International Maritime Defense Industry Exhibition)는 해군이 주최하는 해양 방위산업 전시회로, 2년마다(홀수 연도) 열린다. 전시회에서는 함정무기체계와 해양 방위 시스템을 포함한, 다양한 해군 관련 기술이 소개된다. 특히 MADEX는 한국 해군과 해외 해군이 협력해 해양 안보를 논의하는 중요한 장으로, 글로벌 해군 전력과 해양 방위산업의 발전을 도모하는 데 중추적인 역할을 맡고 있다. 방산업체들은 MADEX를 통해 차세대 해양 전력을 세계 시장에 선보이며, 국제적으로 한국의 방산기술을 널리 홍보하고 있다.

다. 서울 국제 항공우주 및 방위산업전시회 (ADEX)

ADEX(Seoul International Aerospace & Defense Exhibition)는 항공

우주 및 방위산업 분야에서 가장 큰 전시회로, 2년마다(홀수 연도) 개최된다. ADEX는 공군의 항공우주 무기체계를 포함해 항공우주 기술의 최신 발전을 선보이는 자리로, 전 세계 항공 방산업체들이 참가한다. 특히 한국의 항공우주산업이 빠르게 발전함에 따라, ADEX는 국내외 항공우주 및 방산기업들이 협력할 수 있는 중요한 네트워킹 허브로 자리 잡고 있다.

이 밖에도 첨단국방산업전, 충무공이순신방위산업전, 항공우주엑스포 등 다양한 전시회가 열리고 있다. 방위산업 전시회는 단순한 기술 전시의 장을 넘어, 글로벌 수출 시장을 개척할 수 있는 중요한 플랫폼이다. 한국의 방산업체들은 DX KOREA, MADEX, ADEX와 같은 전시회를 통해 자사의 기술력을 세계에 알리며, 해외 시장 진출을 위한 발판을 마련한다.

****

수출 시장 개척을 위해서는 해외 방산 전시회 참여도 중요하다. 각국 정부와 군이 주최하는 해외 전시회는 글로벌 방산업체들이 직접 고객을 만나며, 실질적인 수출 계약을 체결하는 무대로 기능한다. 국제 무대에서 열리는 대표적인 방산 전시회를 소개한다.

한국 방산업체들의 최대 수출국인 중동에서는 다양한 방산 전시회가 열리고 있다. 대표적인 전시회로는 사우디아라비아에서 열리는 WDS(World Defense Show), 아랍에미리트의 IDEX(International Defence Exhibition & Conference), 그리고 이집트의 EDEX(Egypt Defence Expo)가 있다. 이러한 전시회는 중동 국가들이 군사력 강화를 위해 최신 기술을 도입하려는 수요가 크기 때문에, 한국 방산업체들이 적극적으로 참여하는 무대이다.

동남아시아 역시 방산업체들이 주목하는 시장이다. 말레이시아 DSA (Defense Services Asia), 태국 D&S(Defense & Security), 인도네시아의 INDO DEFENCE EXPO는 동남아시아 지역의 주요 방산 전시회로, 이 지역의 군사력 강화와 방산기술 교류를 목적으로 한다. 한국 방산업체들은 이러한 전시회를 통해 동남아시아 시장에서의 입지를 다지고 있다.

또한 미국의 AUSA(Annual Meeting & Exposition), 영국의 DSEI(Defense and Security Equipment International), 프랑스의 유로사토리 (EuroSatory), 폴란드의 MSPO 등도 대표적인 글로벌 방산 전시회로, 한국 방산업체들은 이들 전시회에서 기술력과 제품을 알리며 글로벌 시장 진출을 가속화하고 있다.

4부

방산업체 현황

개요

01.
글로벌 방산기업 100

"팀장님! 외국에도 방산업체가 있나요?"

"그럼요. 보잉사라고 알죠?"

"네. 미국 항공사 말씀하시는 거죠."

"맞아요. 대표적인 글로벌 방산기업이에요."

미국 국방 전문지 디펜스뉴스(Defense News)가 발표한 '2024 세계 100대 방산기업'에 따르면 록히드마틴(Lockheed Martin)이 1위에 올랐다. AVIC(Aviation Industry Corporation of China), RTX(옛 레이시온 테크놀러지스), 노스롭그루먼(Northrop Grumman), 제너럴다이내믹스(General Dynamics) 등이 그 뒤를 이었으며, 6위부터 10위까지는 보잉(Boeing), BAE시스템즈(BAE Systems), CSSC(China State Shipbuilding Corporation Limited), CNIGC(China North Industries Group Corporation Limited), L3 해리스 테크놀러지(L3Harris Technologies) 순이었다. 이들 상위 10개 기업은 세계 방산시장을 주도하며, 자국 및

글로벌 시장에 중요한 무기와 방산 제품을 공급한다.

****

록히드마틴(Lockheed Martin)은 주로 전투기와 미사일, 방공 시스템에서 강세를 보인다. 대표적인 무기로는 F-35 라이트닝 III 전투기가 있으며, 이는 다목적 스텔스 전투기로 전 세계적으로 사용되고 있다. 또한 PAC-3 미사일, Aegis 탄도 미사일 방어 시스템도 주요 제품 중 하나이다.

AVIC(중국 항공우주산업그룹)는 중국의 항공기 제조를 주도하는 회사로, J-20 스텔스 전투기가 대표적인 무기다. 이는 중국 최초의 5세대 스텔스 전투기로, 미국의 F-22 및 F-35와 경쟁하는 모델이다. 이 외에도 다양한 헬리콥터 및 드론 시스템을 생산하고 있다.

RTX(옛 레이시온 테크놀러지스)는 방공 및 미사일 방어 시스템에서 글로벌 리더로 자리 잡고 있다. 대표적인 무기는 패트리어트 미사일 시스템으로, 다수의 국가에서 방공 및 탄도 미사일 방어용으로 사용 중이다. 또한 토마호크 순항 미사일 역시 미국 해군에서 핵심적으로 사용된다.

노스롭그루먼(Northrop Grumman)은 무인 항공기와 폭격기에서 두각을 나타내고 있다. B-21 레이더 스텔스 폭격기가 대표적이며, 이는 차세대 전략 폭격기로 미국 공군이 운영할 예정이다. 또한 글로벌 호크(Global Hawk) 무인 정찰기도 핵심 자산으로 손꼽힌다.

제너럴다이내믹스(General Dynamics)는 전차 및 잠수함 제조로 유명하다. 대표적인 무기로는 M1A2 에이브럼스 전차가 있으며, 이는 현대 육군의 주력 전차로 널리 사용되고 있다. 또한 오하이오급 탄도미사일 잠수함(SSBN)도 제너럴다이내믹스가 제조하는 주요 방산 자산이다.

보잉(Boeing)은 항공기 제조뿐만 아니라 방산에서도 중요한 역할을 한다. 대표적인 방산 무기는 F/A-18 슈퍼 호넷 전투기로, 미 해군의 주력 전투기 중 하나이다. 또한 AH-64 아파치 공격 헬리콥터 역시 보잉의 대표 제품이다.

BAE 시스템즈는 영국을 대표하는 방산기업으로, 타이푼 전투기 및 해양 방산 장비를 생산한다. 또한 차세대 잠수함인 드레드노트급 잠수함 개발에도 참여하고 있다. 이 외에도 브래들리 장갑차 및 다양한 방공 시스템도 주요 제품이다.

CSSC(중국 선박중공업그룹)는 중국 해군의 주력 함정을 제조하는 회사로, 중국 항모인 랴오닝함과 산둥함을 비롯한 다양한 전함을 생산한다. 특히 Type 055급 구축함은 중국 해군에서 핵심적인 함정으로 자리 잡고 있다.

CNIGC(중국 북방산업그룹)는 주로 육군용 무기 시스템을 제조하며, 대표적인 무기로는 VT-4 전차가 있다. 이는 중국의 최신형 수출용 전차로, 여러 개발도상국에 판매되고 있다. 또한 다양한 로켓 시스템 및 자주포도 CNIGC의 주력 제품 중 하나이다.

L3 해리스 테크놀러지(L3Harris Technologies)는 통신 장비 및 전자전 시스템에서 강세를 보인다. 대표적인 제품으로는 전자전 시스템과 무인 항공기(UAV)용 데이터 링크 시스템이 있으며, 미군의 전자전 역량을 강화하는 데 기여하고 있다.

****

디펜스뉴스의 100대 방산기업 순위는 각 기업으로부터 제공받은 지난해 연 매출액 중 방산부문 매출을 집계한 뒤 각 회사의 회계연도, 국가 환율 변화 등을 적용해 최종 산출한다.

국내에서는 한화가 2023년 방산부문 매출 64억 1893만 달러(약 8조 8279억 원)를 기록해 19위에 자리했다. 전년 26위 대비 7계단 상승했다. 전체 매출 중 방산부문 매출이 차지하는 비중은 16%로 집계됐다. 한화 다음으로 LIG넥스원이 58위를 기록했다. 2023년 방산부문 매출 17억 6665만 달러(약 2조 4312억 원)로 전년 대비 3% 소폭 상승했지만, 순위는 지난해 52위에서 6계단 내려왔다. 2023년 순위에 들지 못했던 현대로템은 2024년 73위로, 100위권 진입에 성공했다. 앞서 현대로템은 2008년~2010년, 2018년~2021년 사이 90위권을 기록했는데, 2024년 순위는 역대 최고 수준이다. 현대로템은 2023년 방산부문 매출 12억 765만 달러(약 1조 6611억 원)를 기록, 전년 대비 47% 증가했다. 전체 매출 중 방산부문이 차지하는 비중은 44%로 집계됐다. 반면 KAI(한국항공우주산업)는 올해 100위권에 들지 못했다. 2023년 56위로, 전년 대비 3계단 상승했지만, 2024년에는 순위에 들지 못해 구체적인 방산부문 매출 규모도 공개되지 않았다.

02.
국내 방산업체는 80여 곳

우리나라 방산업체로 지정된 기업의 숫자는 80여 개에 이른다. 여기에는 대기업과 중견기업이 있는가 하면, 중소기업도 함께 뒤섞여 있다. 물량의 비중이 전적으로 방위산업에 의존하는 회사가 있는 반면, 민수사업 비중이 대부분을 차지하고 방산분야의 점유율이 비교적 작은 곳도 있다.

방산업체는 편의상 분야에 따라 화력, 탄약, 기동, 항공유도, 함정, 통신전자, 화생방, 기타 등 8개 분야로 구분된다. 하지만 절대적인 것은 아니다. 이미 분야별 장벽은 사라졌다. 또한 방산업체는 다루는 무기체계의 중요도에 따라 '주요방산업체'와 '일반방산업체'로 나눌 수 있다. 주요방산업체는 무기체계의 공급 안정성과 품질의 엄격성이 중요한 역할을 하는 기업들로 구성된다. 대기업과 중견기업들이 여기에 속한다. 이들 업체는 방사청의 주요 협력사로서 핵심 무기체계를 제공한다. 반면, 일반방산업체는 대체로 중소기업이 많으며, 상대적으로 무기체계의 중요도가 낮거나 부품 공급에 집중하는 업체들로 구성된다.

일반방산업체들은 방산분야의 협력업체로 활동하며, 특정 부품이나 소모품을 공급한다.

****

현재 국내에는 주요방산업체 66개사와 일반방산업체가 18개사가 등록되어 있다. 여기에는 기업 계열사가 2개 이상 등록된 대형 그룹사부터 아주 소규모의 중소업체에 이르기까지 각양각색의 업체들이 공존한다.

분야	주요방산업체	일반방산업체
화력(8)	두원중공업, SG솔루션, 현대위아, SNT모티브, 다산기공, SNT다이내믹스, 씨앤지(7)	진영정기(1)
탄약(9)	삼양화학공업, 삼양정밀화학, 세아항공방산소재, 풍산, 풍산FNS, 한일단조공업, 코리아디펜스인더스트리(7)	고려화공, 동양정공(2)
기동(14)	기아, HD현대인프라코어, 두산에너빌리티, 삼정터빈, 삼주기업, 평화산업, 현대트랜시스, 현대로템, LS엠트론, STX엔진, 시공사, 엠앤씨(MNC)솔루션(12)	광림, 신정개발특장차(2)
항공 유도(16)	다윈프릭션, 대한항공, 쎄트렉아이, 퍼스텍, 한국항공우주산업, 스페이스프로, 한화에어로스페이스, LIG넥스원, 단암시스템즈, 코오롱데크컴퍼지트, 덕산넵코어스, 데크카본, 캐스(13)	성진테크윈, 유아이헬리콥터, 화인정밀(3)

함정(9)	강남, 한화오션, SK오션플랜트, 한국특수전지, HJ중공업, HD현대중공업, 효성중공업, 삼정티비엠(8)	스페코(1)
통신전자(16)	지티앤비, 비츠로밀텍, 한화시스템, 연합정밀, 이오시스템, 대영에스텍, 휴니드테크놀러지스, 현대제이콤, 빅텍, 우리별(10)	삼영이엔씨, 아이쓰리시스템, 인소팩, 이화전기공업, 미래엠텍, 티에스택(6)
화생방(3)	한컴라이프케어, SG생활안전, HKC(3)	-
기타(9)	대양전기공업, 동인광학, 삼양컴텍, 우경광학, 유텍, 아이펙(6)	대명, 대신금속, 은성사(3)
합계(84)	**66개**	**18개**

(출처: 한국방위산업진흥회, 2025. 2. 19. 기준)

화력 및 탄약 분야에는 풍산이 있다. 풍산은 총포탄 생산에서 독보적인 기술력을 자랑한다. 기동 분야는 현대로템이 대표적이다. 전차, 장갑차 등을 생산한다. 항공유도 분야의 KAI(한국항공우주산업)는 국산 항공기의 신뢰성을 입증하며, 훈련기와 경공격기 등을 제작한다. 함정 분야는 HD현대중공업과 한화오션 등이 잠수함 등 해상 전투체계의 개발과 건조를 맡고 있다. 통신전자 분야에서는 LIG넥스원과 한화시스템이 첨단 통신장비와 IT 체계를 통합한 무기체계를 군에 제공한다. 한화에어로스페이스는 항공유도 분야로 분류되어 있지만 종합 탄약과 정밀 유도탄까지 생산하는 기업으로 화력과 탄약 분야에 넓게 걸쳐 있다.

* * * * * * * * * * *

또한 주식시장에 상장된 기업이 있기도 하고 상장되지 않는 업체도 있다. 아울러 방산업체로 지정되지 않았지만, 방산업체의 협력사로서 왕성한 경영활동을 보이는 업체들도 적지 않다. 코스피(Kospi)에는 한화그룹(한화에어로스페이스, 한화시스템, 한화오션), 현대차그룹(현대로템, 현대위아, 기아자동차), KAI(한국항공우주산업), 대한항공, 풍산, SK오션플랜트, S&T그룹(S&T모티브, S&T중공업), LIG넥스원, HD현대중공업, HJ중공업, 효성중공업, STX엔진, 퍼스텍, 평화산업, 휴니드테크놀러지스 등이 상장되어 있다. 코스닥(Kosdaq)에는 한일단조공업, 쎄트렉아이, 빅텍, 삼영이엔씨, 아이쓰리시스템, 이화전기공업, 대양전기공업 등이 올라 있다.

국내 방산업체의 구조와 체계는 그 규모와 영역에 따라 매우 다양하다. 대기업은 막대한 자본과 기술력을 바탕으로 첨단 무기체계를 개발하고, 중견기업은 특정 무기체계나 부품에 집중하며, 중소기업은 이를 지원하는 역할을 한다. 이처럼 각양각색의 방산업체들이 한데 모여, 대한민국 방위산업의 근간을 형성한다.

03.

K-방산, 명품 무기 삼총사

K-방산의 대표적 무기체계로는 K2 전차, K9 자주포, FA-50 경전투기가 있다. 이들 명품 무기는 세계 각국의 요구를 충족시키는 기술력과 가격 경쟁력으로 글로벌 시장에서 눈부신 성과를 거두고 있다.

****

K9 자주포는 세계 시장에서 한국 방산수출의 중추적인 무기체계로, 한화에어로스페이스가 생산을 담당한다. K9은 155mm 자주포로, 높은 정확도와 강력한 화력, 기동성을 갖춘 세계적인 자주포다. 2000년대 초반부터 한국군에서 운용된 이후, 수출에서도 뛰어난 성과를 보였다. K9 자주포는 특히 유럽 시장에서 큰 성공을 거두었다. 2017년 핀란드를 시작으로 에스토니아, 노르웨이 등에 수출되었다. 나아가 2022년에는 한화에어로스페이스가 폴란드와 약 6조 5천억 원 규모의 1차 계약을 통해 648대의 K9을 수출하기로 했다. 유럽에서의 입지를 더욱 확고

히 다지며, 유럽 내 다른 국가들에 추가 수출 기대를 높이고 있다. K9 자주포의 강점은 그 성능뿐만 아니라 가격 경쟁력과 빠른 공급 능력에 있다. 유럽 여러 나라에서 운용되는 다른 자주포들에 비해 성능 면에서 뒤처지지 않으면서도 비용이 저렴해 수출 대상국의 경제적 부담을 줄여 준다. 또한 한화에어로스페이스의 제작 능력은 대량 주문에도 신속한 납품이 가능해, 유럽 국가들이 빠르게 전력 강화를 꾀하는 데도 적합하다.

K2 전차는 현대로템이 생산하는 차세대 전차로, 한국 방산의 기술력을 대표하는 무기 중 하나다. K2는 120mm 활강포, 자동장전 시스템, 우수한 기동성을 바탕으로 첨단 전자 장비와 결합해 현대전에서 강력한 전력을 제공한다. K2 전차는 중동 및 유럽에서 주목받았다. 특히 2022년 폴란드와의 약 10조 6천억 원 규모의 980대 계약은 K2 전차의 수출 중 가장 큰 성과로 평가받고 있다. 이를 통해 현대로템은 유럽 전차 시장에 본격적으로 진출할 수 있는 발판을 마련했다. 폴란드는 러시아-우크라이나 전쟁 이후 신속한 방위력 증강을 추진하고 있다. K-2 전차의 강점은 뛰어난 방어력과 기동성, 그리고 다채로운 작전 환경에서의 활용 능력이다. 또한 전차의 전투 시스템이 디지털화되어 있어, 미래전에서도 전투 효율성을 극대화할 수 있다. 현대로템은 이러한 기술적 우위를 바탕으로 K2 전차를 중동, 아프리카, 유럽 등의 다른 국가에도 수출하기 위해 협상을 진행 중이다.

FA-50 경전투기는 한국항공우주산업(KAI)이 생산하는 다목적 경전투기이다. KAI는 한국 공군을 위한 T-50 고등훈련기에서 발전된 FA-50을 통해 동남아시아, 유럽, 중동 등지에서 활발한 수출을 이어 가고 있다. FA-50은 경전투기임에도 불구하고 공대공, 공대지 미사일, 레이더 등 다양한 첨단 무장을 탑재할 수 있어 높은 효용성을 자랑한다. 2023년 5월, KAI는 말레이시아와 약 1조 2천억 원 규모로 FA-50 18대를 수출 계약했다. 2022년에는 폴란드와 48대의 약 3조 7천억 원 규모의 계약을 체결했다. 이외에도 필리핀, 이라크, 인도네시아 등에서 FA-50이 활발히 운용되고 있다.

****

국방기술진흥연구소(국기연)는 한국의 국방과학기술수준 순위가 세계 9위에서 일본과 함께 공동 8위로 상승했다고 최근 밝혔다. 『2024 국가별 국방과학기술 수준조사서』에 기반한 결과로, 한국의 국방 과학기술이 글로벌 경쟁력을 강화하며 방산 강국으로 자리 잡고 있음을 보여준다. 2024년 7월부터 10월까지 군·산학연 전문가 411명을 대상으로 작성된 조사서는, 주요 12개 선진국의 국방과학기술수준을, 미국과 비교했다. 한국은 미국 대비 82%로 평가되어 직전 조사(2021년) 대비 3%p 상승했다. 최고 선진국은 미국으로 2008년 첫 조사 이후 변함없이 1위를 유지하고, 프랑스(89%), 러시아(89%), 독일(88%), 영국(87%), 중국(86%), 이스라엘(84%), 한국(82%), 일본(82%), 이탈리아(79%), 인도(73%), 스페인(70%) 순으로 그 뒤를 이었다. 가장 두드러진 성과는 K9 자주포를 포함한 화포체계로, 기술 수준이 미국 대비 89%로 평가되며 독일, 러시아에 이어 세계 4위에 올랐다.

K-방산의 대표 무기들이 글로벌 시장에서 거둔 성과는 인상적이지만, 앞으로 해결해야 할 과제도 남아 있다. 최근 논란이 된 폴란드 2차 수출계약과 관련된 수출입은행의 금융 지원 한도 문제는 한국 방산 수출의 구조적 문제를 드러냈다. 대규모 방산 수출은 사실상 국가 간 거래(G2G)로 이루어지며, 금융 지원 없이는 성공적인 계약 체결이 어렵다. 방산업계는 정부의 강력한 지원과 정책적 뒷받침이 필요하다고 목소리를 높이고 있다. 이러한 과제에도 불구하고, K-방산은 가격 경쟁력, 빠른 공급 능력, 검증된 성능이라는 세 가지 장점을 기반으로 새로운 시장을 개척하고 있다. 중동, 아프리카, 유럽을 넘어 아시아 및 남미 시장까지 수출국이 다변화되고 있으며, 글로벌 시장에서 K-방산의 명성이 계속 이어질지 주목된다.

04.
경쟁과 협력의 시대

방산업체 간의 수주 경쟁은 언제나 뜨겁다. 이러한 과열 경쟁은 앞으로도 계속될 것이다. 과거의 전문화·계열화 제도가 폐지되고 시장 경쟁 원리가 적용되면서 방산업계는 그야말로 적자생존의 시대에 접어들었다. 특히 한화그룹의 독주를 저지하기 위한 방산업체들의 합종연횡이 활발하게 이루어지고 있다. 한화그룹이 한화에어로스페이스와 한화시스템 등을 통해 종합 방산기업으로 성장하면서 방산업계에 강력한 경쟁 구도를 형성하고 있기 때문이다.

* * * * * * * * * * *

한화그룹은 한화오션(옛 대우조선해양)까지 사들여 기존의 한화에어로스페이스와 한화시스템 등의 우주, 지상에서부터 해양까지 아우르는 거대 방산기업이 됐다. 육·해·공을 아우르는 한화그룹 방산 계열사 간 시너지가 방산업계에 미치는 파괴력이 만만치 않다.

현재 방산업계에서는 한화오션과 HD현대중공업, 한화시스템과 LIG넥스원, 한화에어로스페이스와 한국항공우주산업(KAI)·풍산 간의 경쟁 구도가 형성돼 있다. 또한 수직계열화를 이룬 한화그룹을 견제하기 위한 동종 방산업체 간의 전략적 연대가 활발하다.

HD현대중공업과 한국항공우주산업(KAI), LIG넥스원은 ADEX 2023에서 협약을 맺어 수출형 잠수함 독자 모델 개발과 통합전투체계 개발에 협력하기로 했다. 우주 분야에서도 유사한 움직임이 있다. KAI와 현대로템이 우주 모빌리티 신시장을 개척하기 위해, 우주발사체 및 비행체를 공동으로 개발하겠다고 선언했다. 한화그룹의 영향력이 미치는 모든 분야에서 경쟁사들의 연대와 협업이 점차 강화되는 분위기다.

방산업체 간 연대는 2010년에 설립된 'LIG풍산프로테크'가 대표적이다. 이 회사는 LIG넥스원과 풍산이 무기용 로켓엔진개발을 목적으로 만들었다. 국내에서는 처음 있는 시도로 합작 비율은 LIG넥스원 60%, 풍산 40%로 알려졌다. 이 또한 한화그룹과 무관하지 않았다.

한편 풍산은 155mm 사거리연장탄 개발사업과 관련해 한화에어로스페이스와 치열한 경쟁 끝에 결국 최종 업체로 선정됐다. 또한 기아는 2020년 한화에어로스페이스를 제치고 차세대 전술트럭 사업을 수주했다. 반면 현대로템은 2021년 자주도하장비 사업에서 한화에어로스페이스에 밀려 사업획득에 실패했다. 이런 추세는 갈수록 확대될 것으로 예상된다. 따라서 동종 무기체계를 생산하는 기업들의 반(anti)한화 전선은 계속될 것이다.

방산업계의 연대와 협력의 필요성은 단지 대기업 간의 경쟁에 그치지 않는다. 여기에는 수많은 협력사의 운명도 함께 걸려있다. 협력업체들은 대기업에 부품과 기술을 공급하며 생존하고 있는데, 대기업 간의 수주 여부가 곧 협력업체의 존망을 결정짓기 때문이다. 대기업 방산업체에 물건을 공급하는 이들에게도 연대와 협업이 생존을 위한 필수 요소가 됐다. 예를 들어, 방산 대기업들이 중요한 사업을 수주하지 못할 경우, 이들 협력업체는 새로운 일감을 찾기 어렵다. 수주물량 실패가 단순히 대기업의 문제만으로 끝나지 않는 까닭이다.

방산업체 간의 경쟁과 연대는 계속해서 진화하고 있다. 대기업뿐만 아니라, 이들과 협력하는 중소기업들의 운명도 이 경쟁의 결과에 따라 좌우될 가능성이 크다. 협력업체들 역시 대기업과의 연대와 협업을 통해 생존의 길을 모색해야 하는 시대가 됐다.

****

지방자치단체(지자체) 간 방산업체 유치 경쟁도 뜨겁다. 방위산업은 첨단기술 개발과 높은 부가가치를 창출하는 산업으로, 해당 지역에 방산업체가 자리 잡으면 지역경제 활성화에 기여하는 바가 크기 때문이다. 따라서 방산업체가 안정적인 일자리 창출과 지속적인 경제 성장을 견인한다는 점에서, 이를 유치하는 것도 지역 발전의 중요한 요소로 떠오르고 있다.

방위산업은 국가안보와 직결된 산업으로, 국방예산을 통해 꾸준한 수요가 보장된다. 특히 K-방산이 글로벌 시장에서 입지를 확대하면서, 방위산업의 경제적 가치가 더욱 부각되고 있다. 또한 방위산업은 다른 제조업에 비해 기술 집약적이고 부가가치가 높아, 방산업체 유치는 지자체의 지역 경제 활성화와 장기적 경제 성장을 위한 전략적 선택으로 자리 잡았다.

지자체 간 방산업체 유치 경쟁은 지역 경제에 긍정적인 효과를 미치지만, 과도한 경쟁으로 인해 발생할 수 있는 단점도 존재한다. 경쟁이 과열되면, 과도한 혜택 제공으로 인해 재정 부담이 가중될 수 있고, 지역 간 경제 불균형이 발생할 우려도 있다. 또한 방산업체 유치를 위해 지자체들이 단기적 성과에 집착하게 되면, 장기적인 지역 발전 계획이 왜곡된다. 방산업체의 유치가 방위산업과의 연관성을 고려한 체계적인 산업 육성 전략하에 이루어져야 하는 까닭이다.

기업별

01.
한화그룹, 한국의 록히드마틴을 꿈꾸다

한화그룹은 1952년 화약사업을 모태로 설립된 '한국화약 주식회사'에서 시작되었다. 산업용 화약 생산으로 기반을 다진 한화는 1974년 방산업체로 지정되며 본격적으로 방위산업에 뛰어들었다. 초기에는 민수 화약 제조를 통해 안정적인 성장의 발판을 마련했지만, 이후 방산사업을 그룹의 주력 부문으로 확장해 왔다. 2015년 삼성그룹과의 '빅딜'로 방산계열사 2개사(삼성테크윈, 삼성탈레스)를 인수한 것은 한화그룹이 방위산업의 선두 주자로 자리매김하는 데 결정적인 계기가 되었다.

현재 한화그룹의 방산사업은 한화에어로스페이스와 한화시스템 두 계열사가 중심이다. 과거 한화/방산과 한화디펜스 등 4개사로 나뉘어 있던 방산부문은 한화에어로스페이스로 통합되었다. 이러한 사업 구조 재편은 2030년까지 글로벌 10대 방산기업으로 도약하겠다는 한화그룹의 의지를 반영하고 있다. 더불어 한화오션(옛 대우조선해양)을 새 식구로 맞이하면서 '한국의 록히드마틴'으로 성장하겠다는 비전을 구체화하고 있다.

* * * * * * * * * *

한화에어로스페이스는 한화그룹 방산사업의 허브 역할을 하는 핵심이다. 2022년 말 한화디펜스에 이어 한화/방산을 합병해 우주·항공·방산을 아우르는 통합방산체제를 완성했고, 우주발사체, 항공기 엔진과 부품, 무기체계 등 주요 사업을 영위하고 있기 때문이다. 현재 항공기 엔진 제조와 방산 관련 항공유도 및 탄약 부문에서 독보적인 경쟁력을 보유하고 있다. 특히, 한국형 발사체 '누리호'의 기술을 이전받아 차세대 발사체 개발에도 참여하며, 글로벌 항공우주 시장에서 경쟁력을 강화하고 있다. 한화에어로스페이스 방산사업은 크게 항공, 탄약, 화력으로 이루어져 있다.

첫째, 항공 부문이다. 한화에어로스페이스는 대한민국에서 유일한 항공기 엔진 제조업체로, 군용기와 민항기에 필요한 엔진과 부품을 생산하고 조립하며 정비(MRO)하는 항공 방산 부품 전문기업이다. 삼성정밀공업에서 시작해 삼성항공산업, 삼성테크윈 등으로 이름을 바꾸어 달았다. 2015년 한화그룹에 인수된 후, 지금의 사명으로 변경되었다. 항공엔진 사업을 통해 주로 한국항공우주산업(KAI)에 각종 부품과 모듈을 공급하며 국내외 항공 방산부문에서 독보적인 위치를 차지하고 있다.

둘째, 탄약 부문이다. 한화의 방산 역사는 탄약에서 시작되었다. 과거 한화/방산으로 운영되었던 이 부문은 그룹 내 가장 오래된 방산기업으로, 첨단 미사일을 포함한 다양한 유도무기 분야로 사업을 확장해 왔다. 한화의 탄약 생산력은 국내 최고 수준이며, 이를 기반으로 첨단 방산 기술 개발에 지속적으로 투자하고 있다.

셋째, 화력 부문이다. 원래는 두산그룹 계열사 두산DST였다가 한화가 인수해 2016년 한화디펜스로 사명을 변경했다. 이후 한화에어로스페이스에 흡수되며 사업 부문으로 재편되었다. 기동무기와 유도무기 발사대 등 지상 장비를 주로 생산한다. 특히 K9 자주포는 한화의 대표적인 수출 품목으로, 여러 국가에 수출되어 K-방산을 대표하는 명품으로 자리 잡았다. 이러한 성공은 한화그룹이 글로벌 시장에서 영향력을 확대하는 데 기여하고 있다. 자체 개발을 통해 호주 육군에 공급하는 미래형 궤도장갑차 레드백(Redback)이 대표적이다.

* * * * * * * * * * *

한화시스템은 삼성탈레스와 한화S&C의 합병으로 탄생한 회사다. 삼성탈레스는 2000년 삼성전자와 프랑스의 탈레스 간 합작으로 만들어진 방산업체로 전투지휘체계·열영상 감시장비·탐지 추적장치 등 각종 군사 전자장비의 개발과 양산을 주력으로 삼았다. 한화S&C는 한화그룹의 종합 SI 업체로서 계열사에 대한 SI, SM(시스템 통합관리), IT서비스를 제공했다.

2018년 두 회사가 합쳐지면서 매출 성장뿐만 아니라 방산사업에서 경쟁력 강화와 IT서비스 확대 등 다양한 분야에서 시너지 효과를 기대했다. 그 결과 한화시스템은 방산과 IT기술의 융합을 통해 첨단 무기체계 개발을 선도하고 있다. 통신체계, 레이더, 열영상 감시장비, 탐지 추적장치 등 군사 전자 장비 분야에서의 경쟁력을 강화하며, 통신전자 부문에서 확고한 입지를 다졌다. 한화시스템은 2019년 증시에 성공적으로 상장된 후, 글로벌 시장에서의 입지를 더욱 넓히기 위해 공격적인 투자를 이어가고 있다. 최근에는 방산분야에 첨단 IT기술을 접목하여, 통합 지휘통제 시스템과 레이더 시스템 개발에 주력한다. 특히, 차세대 전투기(KF-X) 사업의 핵심인 능동전자주사식 위상배열 레이더(AESA) 개발에 참여하는 등 국내외 시장에서의 입지를 강화하고 있다.

****

한화오션은 한화그룹이 2023년 6월 대우조선해양을 인수한 뒤 새롭게 명명한 회사다. 방산분야에서 전략적 확장을 꾀하고 있는 한화그룹이 해양산업에서의 경쟁력을 강화하기 위해 인수했다. 대우조선해양은 오랜 역사와 뛰어난 기술력을 바탕으로 해양 방산분야에서 강력한 경쟁력을 가진 기업이다. 1973년 대한조선공사 옥포조선소가 기원이다. 1978년 대우조선공업을 거쳐, 1994년에 대우중공업에 합병되었다. 1999년 대우그룹이 해체되면서 워크아웃에 들어갔고, 2000년에 대우조선으로 분리되었다. 2001년 워크아웃을 벗어나면서 대우조선해양으로 사명을 바꾸었다. 이후 산업은행과 수출입은행이 최대 주주로서 직접 회사경영을 관리했다. 기존 경영진의 부실 회계로 인해 10조원이 넘는 공적자금이 투입되었기 때문이다. 2019년 초, 다시 민영화가 논의되면서 가장 유력한 후보로 HD현대중공업이 거론되었지만, 최종적으로 한화그룹이 대우조선해양을 인수했다. 한화는 방산 포트폴리오에 해양 방산분야를 추가해 글로벌 방산기업으로의 진출 기반을 구축했다.

이외에도 한화그룹과 관련된 방산업체로 쎄트렉아이, 캐스, 코리아디펜스인더스트리 등이 있다. 한화에어로스페이스는 신사업 확대 차원에서 항공우주사업을 강화하기 위해 인공위성 제조기업인 쎄트렉아이의 일정 지분을 소유 중이다. 그리고 사업 구조 재편을 목적으로 캐스를 2022년 매각했다. 코리아디펜스인더스트리는 한화에어로스페이스(옛 한화/방산)의 분산탄 사업이 2020년 물적 분할되어 설립됐다. 캐스와 코리아디펜스인더스트리는 현재 한화그룹과는 별개의 회사지만 그래도 한 뿌리였다.

* * * * * * * * * *

한화그룹은 방산사업 부문의 전략적 재편과 확장을 통해 한국의 록히드마틴을 꿈꾸고 있다. 이는 단순히 방산분야에서의 확장에 그치지 않고, 우주항공과 해양 등 첨단기술 개발을 통해 글로벌 방산시장에서의 지배력을 강화하려는 한화의 야심을 반영한다. 그래서 기존의 방산 기술력과 우주항공 및 해양 등 합병 회사의 기술력을 결합해 기술적 시너지를 창출하고자 노력한다. 아울러 첨단 유도무기, 레이더 및 통신 시스템에 항공우주 기술과 해양 방산기술을 결합해 좀 더 혁신적인 방산 솔루션을 개발하고 있다. 앞으로 한화의 이러한 행보가 방산업계는 물론, 한국 방위산업 전반에 걸쳐 어떤 영향을 미칠지 주목된다.

02.
현대차그룹, 바퀴로 가는 기동 무기체계의 원조

현대차그룹은 전통적으로 자동차 제조업을 중심으로 성장해 왔지만, 방위산업에서도 상당한 입지를 다져 왔다. 현대차그룹의 방산 계열사는 모두 네 곳이다. 이들 계열사는 기동 분야와 화력 분야에 걸쳐 다수의 무기체계를 개발하고 생산하는 등 방산업계에서 적지 않은 비중을 차지한다. 특히, 현대차그룹은 민수 시장에서 축적한 기술과 생산 인프라를 방산분야에 적극 활용해, 양 사업 간의 시너지 효과를 극대화하고 있다. 방산분야에서도 현대차그룹의 전통적 강점인 '기동성'을 바탕으로 차륜형 장갑차, 전차, 군용 차량 등을 중심으로 한 수주 경쟁에서 두각을 나타낸다. 각자 특화된 방산 제품을 중심으로 경쟁력을 키우는 현대차그룹의 계열사로는 현대로템, 현대위아, 기아(KIA), 현대트랜시스가 있다.

****

현대로템은 현대차그룹의 방산 계열사 중 가장 두드러진 존재감을 지닌다. 전차와 장갑차의 선두 주자다. 현대로템은 1999년 한국철도차량으로 출범했다. 1997년 외환위기 직후 정부의 구조조정 계획에 의거 대우중공업·한진중공업·현대정공 등 3곳의 철도차량 사업부문을 출자해 만든 연합기업이다. 2001년 대우종합기계가 현대자동차에 지분을 매각했다. 다음 해에 ㈜로템으로 회사명을 바꾸었다. 그리고 2007년에 사명을 현대로템으로 다시 변경하였다.

현대로템은 철도차량, 방산, 플랜트 등 세 부문으로 구성된 기업으로, 그중 방산부문에서는 전차와 및 차륜형 장갑차 등의 기동 무기체계를 주력으로 삼는다. 전차 사업의 핵심인 K2 전차는 기술적 개선과 품질보증을 통해 명품 무기의 대명사로 불린다. 2022년 폴란드와의 대규모 계약을 통해 유럽 시장에 본격 진출함으로써, 글로벌 시장에서도 그 명성을 이어 가고 있다. 현대로템은 철도차량 기술과 방산기술을 결합한 다양한 기동 무기체계 개발을 통해 더 많은 기회를 모색 중이다.

****

현대위아는 현대차그룹 내에서 화포 및 항공 부품 분야의 전문성을 가진 방산업체다. 기아기공으로 출발한 현대위아는 현재 대구경 화포 및 함포, 그리고 항공기 부품인 랜딩기어 등을 제조한다. 현대위아는 국내 유일의 대구경 화포 제작업체로 K9 자주포를 비롯해 다양한 지상

무기체계를 육군에 안정적으로 공급하고 있다. 5인치 함포, 76mm 함포 등 해군 주력 함정에 탑재되는 함포를 자체 기술로 해군에 공급한다. 2020년 글로벌 방산업체 영국 BAE시스템즈와 10년간 최대 1억 달러 규모의 함포 부품 공급 계약을 체결한 바 있다. 아울러 국내 최고의 랜딩기어 생산업체로서 군용기와 민항기에 모두 적용이 가능한 랜딩기어를 KAI(한국항공우주산업)와 같은 국내 항공기 제조사뿐 아니라 해외 유수 업체에도 납품한다. 방위산업 외에도 자동차 부품, 모빌리티 솔루션 등의 분야에서도 경쟁력을 보유하고 있다.

* * * * * * * * * * *

기아(KIA)는 대한민국 군용 차량의 핵심 공급자로서, 한국군의 기동력을 책임지는 기업이다. 1964년에 설립된 아시아자동차공업에서 출발했다. 하지만 경영부실로 인해 1976년 기아자동차에 인수되었고, 이후 기아자동차가 현대그룹으로 넘어가면서 현대차 계열사가 되었다. 육군의 전술 차량 및 계열 차량을 제작해 온 KIA는 국내에서 유일하게 군용 차량 개발 전문연구소를 광주광역시에 두고 있다. 또한, 연구개발 및 생산관리, 품질보증, 정비지원 등을 전담하는 조직과 인력을 운용함으로써 군의 요구 성능에 적합한 차종을 적기에 공급한다. 군용차는 일반 승용차와 달리 다품종 소량 생산 체제로 생산되고 있는데, 기아는 방산 차량 전문 플랫폼으로서 그 역할과 기능을 꾸준히 수행하고 있다. 육군의 차세대 중형 표준차량 개발사업에서 한화에어로스페이스(옛 한화디펜스)를 제치고 우선협상자로 선정됐다. 약 1조 7000억 원 규모의 사업으로 2024년부터 1만여 대 이상의 중형 표준차량을 일선 부대에 공급하고 있다.

****

현대트랜시스는 현대차그룹의 자동차 부품 계열사다. 2019년 파워트레인 및 차량 시트 제조업체인 현대다이모스와 자동 변속기 전문 제조회사인 현대파워텍의 합병으로 탄생했다. 기동 무기체계의 핵심부품인 전차용 자동 변속기를 생산한다. 국내외 방산업체들과의 협력을 통해 다양한 군용 차량에 사용되는 변속기를 공급한다. 현대트랜시스는 자동차 부품 제조업체로서 방산과 민수사업을 동시에 운영하며, 민수 분야의 기술력을 방산 제품에 적극 활용하고 있다. 특히 전차 변속기의 국산화를 추진하며 국내 방산업체와의 협력을 강화하는 동시에 자주포와 장갑차, 군용 차량 등에 적용되는 다양한 변속기를 개발하고 있다.

****

현대차그룹의 방산 계열사들은 민수와 방산의 두 분야 간 시너지 효과를 극대화하고 있다. 민수용 자동차 사업에서 축적한 기술력, 생산 인프라, 글로벌 네트워크를 방산분야에 접목해 방산에서의 효율성과 경쟁력을 강화하는 전략이다. 이러한 접근은 한화그룹과의 수주 경쟁에서 현대차그룹이 경쟁력을 유지하고, 나아가 글로벌 방산시장으로의 진출을 가속하는 데 중요한 역할을 한다. 한화그룹이 방산을 주력 사업으로 밀며 공격적인 확장을 추진하고 있는 반면에, 현대차그룹은 민수와 방산의 균형을 유지하면서 방산의 입지를 점진적으로 확대해 나가는 분위기다.

03.
항공무기체계의 원탑, 한국항공우주산업(KAI)

항공무기체계는 경제와 산업적 측면에서 매우 특별한 위치를 차지한다. 항공산업은 전자공학, 재료공학, 구조역학 등 다양한 첨단기술이 통합된 시스템 산업이다. 그만큼 전후방 산업에 걸친 파급효과가 크고, 고용 창출 측면에서도 긍정적인 영향을 미친다. 각국 정부가 항공유도무기의 성장과 발전에 많은 관심을 기울이는 이유도 이 때문이다. 한국을 대표하는 항공무기체계 관련 기업은 바로 한국항공우주산업(KAI)이다. KAI는 대한민국 유일의 항공우주 전문기업으로, 국내 유일의 완제기 제조업체이다. 군용 항공기, 민항기 부품, 우주발사체 등 다양한 분야에서 대한민국 항공산업을 이끌어 가고 있다.

KAI의 탄생은 1997년 IMF 금융위기와 깊은 연관이 있다. IMF 이전에는 삼성항공우주산업, 대우중공업, 현대우주항공 등 여러 대기업이 각각의 항공기 사업 부문을 운영하고 있었다. 그러나 IMF 위기 이후, 국가 경제의 효율성을 높이기 위해 항공기 사업을 하나로 통합하는 결정이 내려졌다. 그 결과, 1999년 3개 대기업의 항공기 부문이 합쳐져

KAI가 설립되었다. 이때 정부는 KAI를 방산업체 및 항공기 전문업체로 지정해 국내 항공 방산물량을 독점적으로 수행할 수 있는 법적 지위를 부여했다. 이후 KAI는 국내외에서 항공기 개발과 생산을 주도하며 대한민국 항공산업의 발전에 핵심적인 역할을 담당하고 있다.

****

KAI는 항공기와 관련된 다양한 사업을 진행한다. 주요 사업으로는 국산 초음속 전투기, 고등훈련기, 다목적 기동 헬기 등의 개발 및 제작이다. 특히 한국 공군의 차세대 전투기인 KF-21 보라매의 개발은 KAI의 역량을 총동원한 프로젝트로, 2022년 7월 성공적으로 초도 비행을 마쳤다. 보라매 프로젝트는 한국의 항공 기술력을 세계에 알리는 중요한 계기가 될 전망이다. 또한, KAI는 글로벌 항공기업인 보잉과 에어버스 등 여객기 제조업체에 항공기 구조물을 공급한다. 보잉 787의 날개구조물과 에어버스 A320의 동체 등 다양한 부품을 제작해 글로벌 시장에서 그 기술력을 인정받고 있다. KAI의 항공기 부품사업은 전 세계 항공기 제조업체들에 품질 높은 부품을 공급하며 지속적으로 확대되는 중이다.

KAI는 군용 항공기 정비(MRO)와 개조·개량 사업도 병행한다. 특히, T-50 골든이글 고등훈련기의 수출 및 개량을 통해 국산 항공기 수출 역량을 강화하고 있다. T-50 계열 항공기는 현재 인도네시아, 이라크, 태국 등 여러 국가에서 운용되며, 대한민국 항공기술의 우수성을 입증하고 있다. KAI는 항공뿐만 아니라 우주산업에도 적극적으로 참여한다. 한국형 위성발사체(KSLV-Ⅱ, 일명 누리호) 개발에 참여해 발사체의 주요 부품을 제작하고 조립하는 역할을 담당했다. 누리호의 성공적인 발사는 한국의 우주 독립 기술력을 입증하는 중요한 성과로 평가받고 있다. KAI는 이를 계기로 우주발사체뿐만 아니라, 위성 개발 및 발사 서비스까지 사업 영역을 확장할 계획이다.

KAI는 자회사로 한국항공서비스(KAEMS), S&K 항공, ㈜에비오시스테크놀러지스 등을 두고 있다. 이들은 주로 항공기 정비와 부품 개발, 그리고 항공기 관련 IT 솔루션 제공에 중점을 두며, KAI의 주력 사업과 긴밀한 연계성을 지닌다. 국내 유일의 완제기 제조업체로서 KAI는 항공기의 개발, 생산, 정비, 개조, 우주발사체 사업까지 모든 항공 관련 사업을 포괄하며, 항공무기체계에서 독보적인 입지를 구축해 가고 있다.

04.
전자통신 종합무기체계 방산 명가, LIG넥스원

LIG넥스원은 대한민국 방위산업의 중요한 축을 담당하는 기업으로, 1998년 2월에 설립되었다. 이 회사의 모태는 1976년 대한민국 자주국방의 기치 아래 설립된 금성정밀공업이다. 이후 LG그룹으로부터 분리됐고 2007년 지금의 LIG넥스원으로 사명을 바꾸었다. LIG넥스원은 전체 임직원의 절반 이상이 연구원으로, 단일 방산기업으로는 최대·최고 수준의 연구 인력을 보유하고 있는 이른바 'R&D 방산기업'으로 알려진다. LIG넥스원은 LIG그룹의 방산 계열사로, LIG그룹에는 LIG넥스원을 비롯해 LIG시스템, 휴세코, ㈜LIG 등이 있다.

****

LIG넥스원은 대한민국 방위산업을 선도하는 첨단 기술력과 개발 역량을 보유한 방산기업으로, 정밀 유도무기, 감시정찰, 지휘통제·통신 등 다방면의 무기체계를 생산한다. 정밀 유도무기(미사일과 유도탄),

감시정찰 장비(레이더, 항공 능동 위상배열 안테나), 지휘통제·통신체계 등 육·해·공 모든 분야에서 중요한 무기체계를 다룬다. 또한, 탐색레이더, 소나체계, 전자전 장비와 같은 다양한 첨단 장비를 개발하고 양산하는 방산기업이다. LIG넥스원은 방위산업 내에서 '전자통신 종합 무기체계의 명가'라는 별칭을 얻고 있다. 단순히 여러 무기를 제조하는 것에 그치지 않고, 기술력과 혁신적 연구개발(R&D) 역량을 바탕으로 종합적인 시스템 솔루션을 제공하기 때문이다.

지난해 9월, LIG넥스원은 미래 투자 전략을 포함한 글로벌 비전을 발표했다. 2030년까지 약 5조원을 투자하고 글로벌 방산기업 순위 20위 및 해외시장 진출 30개국을 달성해, K-방산수출의 글로벌 4강 실현을 선도하겠다는 의지를 천명했다. LIG넥스원은 글로벌 방위산업의 새로운 흐름을 주도하기 위한 3대 미래 혁신방향으로 ▲저고도부터 우주까지 다층 대공망을 아우르는 '통합대공 솔루션'을 통해 북아프리카부터 중동, 아시아를 연결하는 K-대공망 벨트의 실현 ▲무인함대, 무인항공전단, 지상군지원 무인로봇 등 전 영역을 포괄하는 '무인화 솔루션' 확보 ▲대공 및 무인체계 중심의 '수출국 확장' 등을 강조했다.

LIG넥스원은 앞으로도 방산업계에서 전자통신 및 종합 무기체계의 명가로 자리매김하며, 국내외 시장에서의 영향력을 확대할 것으로 기대된다. 특히, R&D 역량을 바탕으로 미래 전장에 대비한 신기술 개발에 주력하고, 해외 수출을 더욱 적극적으로 추진할 예정이다. 다만, 중견기업으로서 대기업 방산 계열사들과의 경쟁에서 어떻게 차별화된 경쟁력을 유지할 것인지가 중요한 과제가 될 것이다. 이를 해결하기 위해 LIG넥스원은 지속적인 혁신과 전략적 협력을 통해 글로벌 방산시장에서의 입지를 더욱 강화해 나갈 방침이다.

05.
대한항공, 항공우주사업본부가 있는 방산업체

대한항공은 항공운송 전문기업으로 잘 알려져 있다. 동시에 항공분야 방산업체이기도 하다. 기업 내 항공우주사업본부라는 방산을 전담하는 조직이 따로 있다. 주요 고객으로는 국내의 방사청과 국방과학연구소(ADD), 한국항공우주연구원(KARI), 국외의 보잉이나 에어버스 등의 글로벌 항공사가 있다. 사업 분야는 항공기 구조물, 군용기 MRO, 드론, 무인기 제작 분야로 구분된다.

****

항공우주사업본부는 1976년에 설립돼 항공기 부품을 만들거나 항공기 자체를 제조 또는 정비하는 사업을 영위한다. 1976년 500MD 헬기 생산을 시점으로 최초의 국산 전투기인 F-5 제공호와 UH-60 중형헬기, F-16 주요 기체 부문 등을 생산하며 성장과 발전을 거듭했다. 민간 항공기의 경우에는 보잉 787 동체 일부와 에어버스 350 화물기에 필요한 부품 등을 취급해 왔다. MRO(Maintenance, Repair and Overhaul) 서비스는 전투기의 가동률과 성능을 극대화하는 데 중요한 역할을 하며, 군 전력의 유지 및 향상에 기여한다.

최근 무인기(UAV) 제작에도 힘을 쏟고 있다. 무인기는 정찰, 감시, 경계 임무에서부터 무기화까지 다양한 용도로 활용될 수 있는 첨단 무기체계로, 국내외 시장에서의 수요가 증가하고 있는 분야다. 2022년 '중고도정찰용무인항공기(MUAV, Medium Altitude Unmanned Air Vehicle)' 개발을 완료하고 방사청과 사업계약을 체결했다. 우주 분야에서도 한국항공우주연구원(KARI)과 적극적인 협력관계를 구축하여 우주발사체, 위성체 개발 등의 연구개발(R&D)에 적극적으로 참여하고 있다.

이처럼 대한항공은 국내외 항공기 개발·생산·정비·성능개량의 경험과 기술력을 바탕으로 군 전력화 지원 및 다양한 무인기 개발과 양산에 주력한다. 글로벌 항공기 제조사와의 협력을 강화해, 최신 기술을 습득하고 적용함으로써 항공우주산업의 최전선에서 도전을 이어 갈 것으로 보인다. 연구조직인 항공기술연구원은 대전에, 사업장인 테크센터는 부산에 자리한다. 부산 테크센터는 부품의 설계, 생산, 조립을 전문으로 하는 시설로 고도화된 기술력을 자랑한다.

06.
함정과 엔진 분야의 최강자, HD현대그룹

HD현대중공업과 한화오션은 대형 군함 건조에서 핵심적인 역할을 맡고 있다. 함정과 같은 특수선은 정부와의 계약이 주가 되다 보니 일반 상선에 비해 수익성은 떨어진다. 하지만 건조업체에는 중요한 일감으로 여겨진다. 민간의 해운 경기가 침체할 때, 방산물량은 고정비를 줄여 주는 데 도움이 되기 때문이다. 해군이 발주하는 대형 군함, 특히 이지스함과 대형 잠수함의 경우, HD현대중공업과 한화오션(구 대우조선해양)이 주로 수주를 도맡아 한다. 양대 기업 모두 한국 방산업계의 '빅 2'로 불린다. 반면 대형 조선사로 꼽히는 삼성중공업은 방위산업에 참여하지 않는다. HD현대중공업은 HD현대인프라코어와 함께 HD현대그룹의 방산 계열사다.

****

HD현대중공업은 1973년 현대조선중공업에서 시작된 회사다. 1975년 울산함 제작업체로 선정된 이후, 1980년에 성공적으로 납품하며 우리 해군 전력 강화에 기여했다. 울산함은 한국 최초의 국산 전투함으로, HD현대중공업의 군함 건조 능력을 상징하는 첫걸음이었다. 이후에도 구축함, 호위함, 초계함, 군수지원함 등 다양한 종류의 함정을 군에 공급해 왔다.

HD현대중공업의 방산분야 강점은 소형 경비정부터 대형 모함까지 모든 종류의 군함을 건조할 수 있는 능력이다. 이를 통해 해양 방산업체로서의 독보적인 입지를 다져 왔다.

HD현대중공업과 한화오션은 방산 조선업계의 양대 축으로 경쟁 관계다. 방사청이 발주하는 내수시장에서 양사는 치열한 각축전을 벌인다. 일반 상선 대비 수익성이 낮음에도 불구하고, 방산물량은 대규모 수주 금액과 긴 건조 기간을 통해 조선업체에 안정적인 수익과 일감을 제공한다. 특히 해운 시장의 불황기에는 군함 발주는 조선소 가동률을 유지하는 데 중요한 역할을 한다. 즉 방산물량 수주를 통해 조선소 전체의 가동률을 유지하면서도, 특정 시기마다 발생할 수 있는 민간 시장의 변동성을 완화할 수 있다.

HD현대중공업은 한국 방산 조선업계의 최강자 중 하나로, 대형 군함과 잠수함 건조에서 탁월한 기술력을 보유하고 있다. 안정적인 공급과 우수한 품질을 자랑하는 국내 조선업계의 기둥으로 글로벌 시장의 주목까지 받는다. 미래에도 HD현대중공업의 지속적인 성장과 발전은 방산분야에서의 전략적 경쟁력과 한국 조선업의 글로벌 위상을 강화하는 데 중요한 역할을 할 것으로 보인다.

****

HD현대인프라코어는 한국 기계산업의 발전을 이끌어 온 역사와 전통이 있는 기업이다. 1937년의 조선기계제작소가 모태다. 이후 국영기업인 한국기계공업을 거쳐 1976년에 대우그룹에 인수됐다. 그룹 계열사인 대우중공업으로 한동안 존속하다가 2000년에 대우종합기계로 사명을 변경했다. 2005년에 두산그룹에 넘어가 두산인프라코어로 바뀌었고 지난 2021년에 HD현대(옛 현대중공업그룹)에 매각되어 지금의 HD현대인프라코어가 되었다.

HD현대인프라코어의 사업영역은 크게 건설기계와 엔진생산으로 나뉜다. 전체 사업 중 건설기계 부문이 약 90%의 비중을 차지하는 주력 분야다. 방산은 엔진 부문에 속해 있다. 군용 장비의 심장부에 해당하는 방산용 디젤엔진을 주로 생산한다. 특히 다목적 차량과 장갑차, 자주포 등에 탑재되는 고성능 디젤엔진을 개발·공급한다.

HD현대인프라코어는 HD현대의 계열사가 되면서 방산부문 강화와 글로벌 시장 확장 전략에 따라 더욱 펼쳐 나갈 전망이다. 기존의 엔진 기술과 그룹의 조선·해양 분야 기술력을 결합해 방산용 엔진과 시스템의 시너지를 높이는 것은 물론이다. 또한 건설기계 부문에서의 경쟁력 강화와 동시에 방산 엔진 시장에서의 입지를 넓히기 위한 다양한 연구개발과 투자를 진행하고 있다.

07.
풍산그룹, 국내 유일의 종합 탄약 제조기업

풍산의 모기업은 1968년에 세워진 풍산금속이다. 1973년에 정부로부터 탄약 제조업체로 지정되면서 방산업체로 첫발을 내디뎠다. 이후 현재까지 국내 유일의 종합 탄약 제조기업으로 자리매김하고 있다. 풍산의 주요 사업은 크게 신동사업과 방산사업으로 나뉜다. 신동사업은 구리와 같은 비철금속을 소재로 제품을 제조하는데, 이 중 일부는 총알과 포탄의 껍질로 사용된다. 이러한 사업적 특성을 기반으로 탄약 전문 방산업체로서의 입지를 굳건히 하고 있다. 창업주인 류찬우 회장은 서애 류성룡의 13대손으로, 풍산은 류성룡 선양 활동에 상당한 노력을 기울였다. 육군사관학교 체육관인 '서애관' 건축과 개축 비용을 전액 부담하고, 해군의 이지스함 '서애 류성룡함'을 지원하는 등 군사적 유산과의 연계를 중요시해 왔다. 2015년에는 KBS 드라마 '징비록' 제작비의 상당 부분을 후원하며, 역사적 인물의 기념 사업에도 적극적으로 참여했다.

****

풍산은 군이 사용하는 탄약을 공급하는 국내 유일의 종합 탄약 기업이다. 특히 총알은 소모성 부품이라 수요가 지속적으로 발생하는 전형적인 방산물자로, 풍산의 안정적인 수익을 창출하는 효자 품목이다. 계열사 간 시너지 효과 창출을 위해 2004년 탄약 신관 제조업체 풍산FNS(옛 협진정밀공업)를 인수했다.

풍산은 2010년, LIG넥스원과 합작으로 무기용 로켓엔진개발을 목적으로 'LIG풍산프로테크'를 설립했다. 이는 국내 방산업체 사이의 최초 합작회사로 방산 영역 확장을 위한 전략적 제휴였다. 합작회사는 LIG넥스원이 60%, 풍산이 40%의 지분을 갖고, 두 회사가 공동으로 사업장 구축과 연구개발에 투자했다.

2023년에는 155㎜ 사거리연장탄 개발에 성공했다. 또한 기존의 탄약에서 드론 분야로 개발 분야를 넓혀가고 있다. '서울 ADEX 2023'에서 탄약투하 드론, 개인휴대 전투 드론 등 새로운 무기체계를 선보였다.

풍산은 방산 수출에서도 경쟁력 강화에 노력 중이다. 미국과 중동 지역을 비롯해 북아프리카, 동남아시아, 중남미로 수출 시장을 점차 확대하고 있다. 하지만 미국 시장에 대한 높은 의존도와 수출 물량의 지속성 여부는 여전히 도전 과제로 남는다.

****

풍산FNS의 전신은 1973년에 설립된 탄약 신관(기폭장치) 제조업체 협진정밀공업이다. 탄약 기술과 신관 기술 접목을 통한 시너지 효과 창출을 목적으로 2004년 풍산이 인수했다. 이후 풍산FNS의 신관 기술과 풍산의 탄약 제조 능력을 결합해 탄약체계의 첨단화를 도모하고 있다. 탄약 신관, 관성센서류, 핵연료봉 집합체의 초정밀가공제품 등을 생산한다. 최근에는 미래산업을 주도할 항공우주산업 진출을 목적으로 ADD 및 KIST 등과 협업 중이다.

풍산그룹은 우리나라 방산업계에서 종합 탄약 제조기업으로서 독보적인 위치를 차지한다. 내수와 수출 시장에서의 균형 잡힌 전략과 첨단 기술 도입을 통한 지속적 성장을 모색하고 있다. 앞으로도 방산분야에서의 비중 있는 역할을 할 것으로 전망된다.

08.
SNT그룹, 화력 무기체계 역사의 본가

SNT그룹은 SNT다이내믹스를 비롯해 SNT모티브, SNT에너지, SNT홀딩스 등 다양한 계열사를 보유한 중견그룹이다. 이 중 방산계열사는 SNT모티브와 SNT다이내믹스이다. 두 기업 모두 대한민국의 자주국방을 위해 오랜 기간 군과 함께 성장해 왔다. SNT모티브는 군에 필요한 개인화기를 공급하고, SNT다이내믹스는 기동무기체계에 필수적인 부품을 제공한다. 대한민국 방위산업 역사에서 의미 있는 위치를 차지하는 방산업체다.

****

SNT모티브는 1973년 자주국방의 기치 아래 설립된 국방부 조병창을 모태로 한다. 조병창은 박정희 대통령이 직접 장소를 물색하고 지정한 곳으로, 지금도 SNT모티브 1공장 본관 앞에는 박정희 대통령의 '정밀조병(精密造兵)'이라는 휘호가 새겨진 돌이 세워져 있다고 한다. 이곳은

1981년 대우그룹이 인수해 대우정밀공업이라는 이름으로 민영화했다.

대우그룹이 조병창을 인수한 것은 방산기술을 민간영역으로 확장하고자 한 정부의 의지였다. 조병창이 10년간 국방부 소속으로 운영되다가, 민간기업인 대우그룹으로 넘어가면서 방산물자 생산에 민수품 생산이 더해졌다. 방산기술이 민간 자동차 부품 생산에까지 확장되면서 방산과 민수의 경계를 넘나드는 SNT모티브로 자리 잡게 된다.

현재 SNT모티브는 방산부문과 자동차부품부문을 함께 운영한다. 자동차부품이 전체 매출의 상당한 비중을 차지하고, 방산 매출은 상대적으로 크지 않다. 이는 과거 소총 보급이 활발할 때와는 달리, 최근 소총 보급이 대부분 완료됨에 따라 나타나는 현상으로 풀이된다.

2016년, 우리 군의 개인화기를 대부분 공급했던 SNT모티브의 독점 체제가 무너졌다. 다산기공이 총기 방산업체로 지정되면서, 소총 생산에 경쟁 체제가 도입됐다.

****

SNT다이내믹스는 1959년의 예화산탄공기총 제작소가 모태다. 이후 세일중공업, 통일중공업, SNT중공업 등의 사명을 거쳐 지금에 이르고 있다. 자주포와 장갑차 등에 필요한 고성능 자동변속기와 박격포와 발칸포 등 중구경 총포류를 군에 공급한다. 특히 K2 전차 파워팩 국산화에도 참여했다. 2023년 튀르키예 방산업체인 BMC와 2억 유로 규모의 알타이 주력전차(MBT)용 1500마력 수출계약을 체결했다. 방산분야는 고도의 기술력과 보안, 안정적인 공급망이 핵심인 만큼, SNT그룹이 쌓아 온 오랜 경험과 제조 역량은 앞으로도 국내외 무기체계 발전에 중요한 기반이 될 것이다.

분야별

01.
항공·유도

단암시스템즈

단암시스템즈㈜는 1985년 설립된 단암전자통신의 특수사업부를 모태로 하는 방위산업 및 항공우주 전문기업이다. 2001년, 전문적인 연구개발과 사업 확장을 위해 별도의 독립 법인으로 분사하였다. 창립 이후 방산 및 항공우주 분야에서 차별화된 기술력을 확보하며 국내 주요 기업 및 연구기관과 협력해 왔다.

주요 사업 분야는 국방 시스템 통합(SI), 원격측정장치, 우주로켓 구성품 등이며, 무인기용 데이터 수집 장치(DAS), SIDAS, 데이터 링크 등을 개발·생산한다. 또한, 다수의 유도탄용 원격측정장치를 수주하여 공급하였으며, 주요 고객으로는 항공우주연구원, 국방과학연구소, LIG넥스원, 대한항공, 한화에어로스페이스 등이 있다. 특히 대한민국 최초의 우주발사체인 나로호 개발사업에 항공우주연구원의 협력사로 참여하여, 핵심부품 중 하나인 탑재용 전자 장비를 성공적으로 개발함으로써 나로호 시험발사 성공에 기여하였다. 최근에는 소형 발사체 기술 확보를 위해 국내 발사체 개발 기업들과 협력하며, 항공우주용 전자장비(Avionics) 통합 기술을 개발 중이다. 또한 구조해석 소프트웨어인 midas NFX를 도입하여 제품의 구조적·열적 안정성을 사전에 예측하고 설계 개선을 통해 시간과 비용을 절감하고 있다.

단암시스템즈㈜는 원격측정장치, 데이터 링크, 항공전자장비 등 다양한 분야에서 핵심기술을 보유하고 있다. 지속적인 연구개발을 통해 국내를 넘어 글로벌 시장에서도 경쟁력을 강화하고 있다.

*

덕산넵코어스

덕산넵코어스㈜는 1996년 설립된 한양네비콤의 방산사업부문이 2012년 독립하여 설립된 방위산업 전문기업이다. 2021년 초, 덕산그룹의 주력 계열사인 덕산하이메탈이 넵코어스의 지분 59.97%를 인수했다.

덕산넵코어스는 방위산업, 위성항공, 항법인프라 등 다양한 분야에서 활동한다. 특히, 항법 솔루션 분야가 매출의 98%를 차지하며, GPS 신호를 전파 교란으로부터 보호하는 항재밍(Anti-Jamming) 기술 개발에 주력한다.

현대전에서 적군의 GPS 전파 교란은 항공기, 선박, 통신, 군 장비 등에 심각한 위협이 된다. 덕산넵코어스는 이러한 위협에 대응하기 위해

아군의 GPS 신호를 보호하는 위성항법장치, 특히 항재밍 기술이 적용된 안테나 및 수신기 등을 개발한다.

덕산넵코어스는 국내 주요 방산업체 및 연구기관과 협력하고 있다. 대표적으로 방사청, 국방과학연구소, LIG넥스원 등과의 협력을 통해 제품을 공급한다.

2024년 9월, 덕산넵코어스는 방사청이 주관하는 '방산혁신기업 100'에 선정되었다. 해당 사업은 첨단 기술력을 보유한 중소벤처기업을 발굴하여 방산분야의 혁신을 촉진하기 위한 것으로, 덕산넵코어스의 기술력과 성장 잠재력을 인정받았다. 또한 2024년 11월에는 '2024 대전국방 페스타'에서 방산기업 우수사례 기업으로 선정되며, 국내 대표 항법기술 선도기업으로서의 입지를 강화하고 있다.

덕산넵코어스는 대한민국 항법 기술의 선두 주자로서 지속적인 연구개발 투자와 전문인력 확보를 통해 '국내 최고의 PNT(Positioning, Navigation, Timing) 솔루션 제공업체'로서의 입지를 강화하고 있다.

*

스페이스프로

스페이스프로는 1972년 부산 괴정에서 '한국화이바공업사'라는 이름으로 출발한 복합소재 전문기업이다. 설립 초기에는 유리섬유와 같은 특수소재를 중심으로 사업을 진행했으며, 1970년대 말에는 우리나라 최초의 미사일 로켓인 백곰 기체 부품 제작에도 참여하며 방위산업 분야로 사업을 확장했다. 1986년, 경상남도 밀양으로 공장을 이전해 탄소섬유(Carbon Fiber)와 같은 민수용 고성능 복합소재 개발을 시작했다. 이후 40년이 넘는 기간 동안 대한민국 방위산업과 항공우주 산업에 필요한 경량 복합재, 방탄 소재, 내열 소재 등을 개발·공급하며 국내 유일의 복합소재 전문 방산기업으로 자리 잡았다.

2023년 말, 한국화이바는 국내 반도체·디스플레이 장비 핵심부품 제조업체인 뉴파워프라즈마에 인수됐다. 뉴파워프라즈마는 반도체 및 디스플레이 공정장비의 PLASMA 핵심 모듈을 제조하는 코스닥 상장기업이다. 2024년 '스페이스프로'로 사명을 변경하고 우주항공, 방위산업, 친환경 첨단소재 중심의 기업으로 도약을 준비하고 있다.

스페이스프로는 탄소섬유와 유리섬유를 기반으로 한 복합소재 전문기업으로, 방위산업 및 우주항공산업, 철도차량 부품 제조, 유리섬유복합관 생산 등의 사업을 영위한다.

방위산업과 우주항공 분야에서는 기동무기체계의 경량 구조체, 방탄재, 초고온 내열재, 유도무기용 복합재 등을 생산하며, 자주국방 역량 강화에 기여하고 있다. 주요 거래처로는 국방과학연구소(ADD), 한국항공우주연구원(KARI), 한국항공우주산업(KAI), 한화에어로스페이스 등 국내 주요 방산 및 항공우주 기관 등이 있다.

*

쎄트렉아이

쎄트렉아이는 1999년 12월, 한국과학기술원(KAIST) 인공위성연구센터의 연구원들이 주축이 되어 설립한 회사다. 우리나라 최초의 소형 과학위성인 우리별 1호를 개발한 인력이 중심이 되었다. 이후 쎄트렉아이는 고성능 중소형 위성 제작 전문기업으로 성장했다. 주로 소형 인공위성 완제품 및 핵심 구성품을 제작하며, 위성시스템 개발과 관련 서비스를 제공한다. 위성 체계는 위성 본체, 탑재체, 지상국 시스템 등으로 구성되며, 쎄트렉아이는 이 모든 분야에서 전문성을 보유하고 있다. 또한, 자회사인 SIIS(SI Imaging Services)와 SIA(SI Analytics)를 통해 위성영상 판매와 분석 서비스 사업을 영위한다.

쎄트렉아이는 위성 관련 기술과 경험을 방위산업 분야에도 응용하고 있다. 주요 제품으로는 위성용 이동형 수신처리 시스템, 무인항공기용 지상통제 시스템, 다차원 영상 디스플레이 플랫폼 등이 있으며, 이를 통해 군의 감시·정찰 체계 강화에 기여한다. 특히, 접근하기 어려운 지역의 정보를 관측할 수 있는 초고해상도 관측 위성은 쎄트렉아이의 주력 품목 중 하나이다. 국내외 다양한 기관 및 기업과 협력한다. 국내에서는 한국항공우주연구원(KARI), 국방과학연구소(ADD) 등과 협력하며 말레이시아, 아랍에미리트, 싱가포르 등 여러 국가에 위성시스템을 수출한 바 있다.

2021년, 쎄트렉아이는 한화에어로스페이스와 전략적 파트너십을 체결하여 대기업과의 협력을 강화하였다. 한화에어로스페이스는 쎄트렉아이의 지분 약 30%를 인수하였고, 쎄트렉아이는 초고해상도 중형 위성 개발과 연구개발(R&D) 시설을 확충했다. 또한 2025년 3월 발사를 목표로 자체 개발한 고해상도 지구 관측 위성 'SpaceEye-T' 를 공개하였다. 이 위성은 해상도 0.3m로, 지구 환경 모니터링 및 다양한 분야에서 활용될 예정이다. 아울러 자회사인 SIIS와 SIA를 통해 위성영상 공급 서비스와 인공지능 기반의 지리 공간 분석 서비스를 제공하며, 방위산업뿐만 아니라 민간 산업 분야에서도 지속 가능한 성장을 도모하고 있다.

*

캐스

주식회사 캐스는 1999년 '경주전장㈜'로 설립된 이후, 항공기와 지상장비에 필요한 발전기와 특수 모터류를 개발·제조하며 방위산업 분야에서 입지를 다져 왔다.

캐스는 항공 전장품 개발 및 생산, 지상 전장품 개발, 서보모터 및 특수모터 개발, 민수용 고속모터 개발 등을 주요 사업으로 수행한다. 항공 및 유도비행체용 발전기와 모터를 개발·제조하며, 국내 주요 연구기관과 체계업체에 납품한다. 또한 지상 장비에 필요한 특수 모터와 발전기를 개발해 군의 전력 증강에 기여하며, 정밀 제어가 필요한 서보모터와 특수 모터를 제작해 다양한 방산 및 산업 분야에 공급한다.

캐스는 방위산업에서 축적된 기술력을 바탕으로 유도비행체 전장품, 항공기 부품 국산화 및 창정비 개발사업, 국책사업 참여 등 다양한 전장품을 개발·생산하고 있다. 특히, 유도무기체계에 필요한 전장품을 개발하여 군의 전력 강화에 도움을 주고, 항공기 부품의 국산화를 추진하고 창정비 기술을 개발함으로써 국내 항공산업의 자립도를 높이고 있다. 또한, T-50 고등훈련기 주발전기, 한국형 기동헬기(KUH) 사업 등 주요 국책사업에도 참여했다.

캐스는 국내 주요 방산 및 항공우주 관련 기관과 협력하고 있다. 주요 거래 업체로는 국방과학연구소(ADD), 한화에어로스페이스, LIG넥스원, 대한항공 항공우주사업부, 한국항공우주산업(KAI), 퍼스텍, 한국항공우주연구원(KARI) 등이 있다.

캐스는 2016년 한화그룹에 인수되면서 항공기 부품사업을 강화하였으며, 2022년 2월에는 경인테크에 매각되었다. 경인테크는 2013년 설립된 방산기업으로, 정밀유도무기의 핵심 구성품인 전기식 구동장치를 전문으로 제작한다.

*

코오롱데크컴퍼지트

코오롱데크컴퍼지트㈜는 2001년 한국항공우주산업(KAI)에서 분사한 ㈜데크를 모태로 설립된 회사다. 이후 첨단 복합소재 기술을 활용한 항공 및 방산 제품 개발에 집중하며 성장해왔다. 2015년 코오롱그룹에 편입되면서 사업 역량을 더욱 강화하였으며, 현재 방산, 항공, 민수 분야에서 두각을 나타내고 있다.

코오롱데크컴퍼지트는 첨단 복합소재 기술을 기반으로 항공, 방산, 민수 분야에서 다양한 제품을 개발·생산한다. 항공 분야에서는 연료탱크, 엔진 날개, 항공기용 정밀유도 부품 등을 제조하며, 방산분야에서는 잠수함, 장갑차, 발사관 등 복합재 구조물 시장에 진출해 있다. 민수 분야에서도 자동차 부품 등 다양한 산업에 복합소재를 적용한 제품을 공급하며 사업을 확장 중이다.

방위산업 분야에서 다양한 복합소재 제품을 생산한다. 대표적인 제품으로는 잠수함 복합재 구조물, 장갑차 부품, 복합재 발사관 등이 있다. 잠수함 복합재 구조물은 경량화와 내구성을 강화하여 성능 향상에 기여하고 있으며, 장갑차 부품은 경량화와 방호 능력을 동시에 제공하는 역할을 한다. 또한, 복합재 발사관을 제작하여 무기 시스템의 효율성과 신뢰성을 높이고 있다.

코오롱데크컴퍼지트는 국내외 다양한 방산 및 민간기업과 협력하고 있다. 주요 거래 업체로는 국방과학연구소(ADD), 한화에어로스페이스, LIG넥스원 등 주요 방산 체계업체들이다. 또한 자동차 부품회사와 협력하여 복합소재를 적용한 자동차 부품을 공급하고, 항공유도 분야의 방산업체인 데크카본과 협업 관계를 유지하고 있다.

2024년 8월, 코오롱은 코오롱데크컴퍼지트의 주식 588만2,353주를 약 700억 원에 추가 취득하여 지분율을 100%로 확대하였다. 이를 통해 코오롱 그룹의 완전 자회사가 되었다. 또한 2024년 7월에는 경상남도와 함안군이 코오롱데크컴퍼지트와 652억 원 규모의 투자협약(MOU)을 체결하였다. 함안 지역 경제 활성화와 일자리 창출에 기여할 것으로 기대된다.

*

퍼스텍

퍼스텍㈜는 1975년 '제일정밀공업㈜'라는 이름으로 설립되었으며, 1976년 발칸포 사격 제어부 개발 및 양산을 통해 방위산업에 첫 발을 내디뎠다. 이후 1980년대에는 단거리 지대지 유도무기 개발업체로 지정되면서 방산 전문기업으로서의 위상을 강화하였다. 당시 중소기업으로서는 드물게 방산물자만을 전문적으로 다루는 기업이었다. 2002년 사명을 '퍼스텍'으로 변경한 후, 2003년 후성그룹에 인수되면서 중견기업으로 성장하였다.

퍼스텍은 방위산업 내 다양한 분야에서 제품을 개발 및 생산하고 있다. 중거리 지대공 미사일(M-SAM) 유도탄 구동장치, 유도무기 발사통제장비 및 구동장치, 장갑차 및 군용차량용 냉각장치·자동소화장치, 항공기 전장품 및 무인항공기(UAV) 시스템 등 다양한 방산 제품을 개발·생산하며, 유도무기, 기동·화력, 항공우주, 해상·수중, 무인화 분야에서 첨단 무기체계의 성능 향상과 전력 증강에 기여하고 있다.

주요 거래처로는 국방과학연구소(ADD), 한화에어로스페이스, LIG넥스원, 대한항공 항공우주사업부, 한국항공우주산업(KAI) 등 국내 주요 방산업체 및 연구기관이 있다.

퍼스텍은 무인기 시장에서의 경쟁력 확보를 위해 2011년 무인항공기 방산기업인 '유콘시스템'을 인수했다. 2024년 12월에는 LIG넥스원과 약 457억 원 규모의 중거리 지대공 미사일(M-SAM) 유도탄 구동장치 납품 계약을 체결하였다. 해당 계약은 2031년 3월까지 진행될 예정이며, 이는 한국형 미사일방어체계(KAMD) 구축을 위한 핵심 사업 중 하나다.

02.
통신·전자

비츠로밀텍

비츠로밀텍㈜는 2012년 비츠로셀에서 분사하여 독립한 특수전지 전문 방산업체로, 2013년 방산업체로 공식 지정되었다. 비츠로밀텍은 지주회사인 비츠로테크의 7개 자회사 중 하나로, 비츠로넥스텍(우주항공 및 플라스마), 비츠로셀(리튬전지), 비츠로이엠(전력기기 및 진공밸브) 등과 함께 비츠로그룹의 일원이다.

비츠로밀텍은 주로 군용 유도무기의 핵심 부품인 열전지를 개발·생산하는 특수전지 분야에 주력하고 있다. 또한, 방열패드 및 복합소재 분야로 사업 영역을 확장하여 항공·해양 무기 분야와 전기차·5G 중계기 등 신산업 분야에도 진출하고 있다.

대표적인 방산 제품은 유도무기체계의 핵심 전원인 열전지로, 이는 미사일 등 지능화된 군사무기의 안정적인 전력 공급을 담당한다. 설립 초기부터 비츠로밀텍은 군용 유도무기의 핵심 전원인 열전지 개발 및 생산에 집중했다. 기존에는 미국 EPT, 이스라엘 라파엘, 프랑스 아에로

바스(Aerobas) 등 세계적으로 4개 업체만이 군용 열전지를 생산하며, 한국군은 이들 업체의 제품에 100% 의존하고 있었다. 이를 극복하기 위해 국방과학연구소(ADD)와 공동 연구개발을 진행, 마침내 열전지 국산화에 성공하면서 국내 자립을 이뤄냈다.

주요 거래처로는 국방과학연구소(ADD), LIG넥스원, 한화에어로스페이스, 한국항공우주산업(KAI) 등이 있다. 또한 해외 방산업체와의 협력을 통한 수출도 추진하고 있다.

2025년 1월, 비츠로테크는 자회사인 비츠로밀텍의 지분 96.8%를 전량 매각하기로 하였다. 지주사 및 계열사의 유동성 확보를 위한 조치로 해석된다. 비츠로밀텍은 열전지 분야의 기술 혁신을 지속하면서, 항공·해양 무기 분야와 전기차·5G 중계기 등 신산업 분야로의 진출을 통해 사업 다각화를 추진할 계획이다.

*

빅텍

빅텍은 1990년 빅텍 파워시스템으로 설립되어 군용 전원장치 개발을 시작하였으며, 1996년 사명을 빅텍으로 변경하였다. 이후 전자전 시스템, 정보감시 시스템, 고전압 및 특수 전원공급장치 등 다양한 분야로 사업을 확장하며 방위산업 분야에서 입지를 다져 왔다.

빅텍은 방위산업과 민수산업 두 분야에서 활발히 활동하고 있다. 주요 방산 제품으로는 전자전 시스템(EWS: Electronic Warfare System) 및 방향탐지장치가 있으며, 이는 전체 매출의 상당 부분을 차지한다. 적의 전자 신호를 탐지하고 분석하여 전자전 대응 능력을 향상하는 핵심 장비로, 군의 전자전 역량 강화에 기여한다.

빅텍은 방사청, LIG넥스원, 한화시스템, 한성에스앤아이 등 주요 방산기업 및 정부기관과 긴밀한 협력관계를 유지하고 있다.

최근 빅텍은 잠수함용 전자전장비(BLQ-100K) 공급 계약을 체결하여, 방산분야에서의 입지를 더욱 강화했다. 또한, 폴란드 K2 전차 FCS 열상유닛 수주 등 해외 시장에서도 성과를 내고 있다.

빅텍은 방위산업 특성상 남북 관계 변화에 따라 주가가 급등락하는 대표적인 방산 테마주로 알려져 있다. 북한의 미사일 발사, 남북 긴장 고조 등의 이슈가 발생할 때마다 빅텍의 주가는 급등하는 패턴을 보이며 투자자들의 주목을 받고 있다.

*

아이쓰리시스템

아이쓰리시스템㈜는 1998년 7월 11일에 설립된 대한민국의 첨단 기술 기업이다. 회사명은 'Intelligent', 'Image', 'Information'의 세 단어에서 유래하였다.

아이쓰리시스템은 주로 적외선 및 X-ray 영상센서를 개발하고 제조하며, 이를 통해 인간의 눈으로 볼 수 없는 세상을 가시화하는 전자 눈(영상센서)을 제공한다. 사업 분야는 크게 영상센서와 영상시스템으로 나뉜다. 영상센서 사업에서는 냉각형 및 비냉각형 적외선 센서, SWIR(InGaAs) 센서, X-ray 센서를 자체 개발해 공급한다. 영상시스템 사업에서는 이러한 센서를 활용한 군용 열화상 카메라, 감시장비, X-ray 검사 시스템, 스마트 공장 및 반도체 검사 장비 등을 개발해, 국방·산업·의료 등 다양한 분야에서 활용이 가능한 솔루션을 제공한다.

아이쓰리시스템은 군수용 적외선영상센서 개발 및 양산 능력을 보유한 기업이다. 이는 야간이나 악천후 속에서도 목표물을 정확하게 식별하고 추적할 수 있어 현대전에서 필수적인 기술로 평가된다. K-2 전차, 현궁, 신궁 등 다양한 국산 무기체계에 아이쓰리시스템의 센서가 탑재되어 우리 군의 전투력 향상에 크게 기여하고 있다.

주요 방산업체 및 정부기관과 긴밀한 협력을 유지하며, 다양한 프로젝트를 수행하고 있다. 고객사로는 한화, LIG넥스원 등 국내 주요 방산업체다.

2024년 9월, 180억 원 규모의 공장 증설을 발표해, 방산용 비냉각형 센서의 생산 능력이 대폭 확대될 예정이다. 국내외 방산 수요 증가에 대응하기 위한 조치로, 향후 KF-21 전투기 및 미래형 무기체계에 적용될 적외선 센서 수요를 맞추는 데 기여할 전망이다.

*

연합정밀

연합정밀은 1980년 설립된 방산 전문기업으로, 전기·전자 핵심 부품의 국산화를 목표로 지속적인 연구개발을 진행해왔다. 창립 초기부터 방산 장비에 사용되는 커넥터, 전자기장(EMI) 차폐 케이블, 전차 및 장갑차 탑재용 통신장비 등의 국산화를 추진했다.

연합정밀은 방산 및 산업용 커넥터, 전자기장(EMI) 차폐 케이블, 전장 통신장비 등을 개발·생산하며, 국내 방산 체계업체 및 연구기관에 공급하고 있다. 방위산업에서 필수적인 커넥터 및 통신 관련 부품을 국산화해, 다양한 무기체계와 방산 장비에 적용하고 있다. 대표적인 방산 제품으로는 MIL-SPEC(국방규격) 커넥터, 전차 및 장갑차용 인터컴 세트 등이 있다.

주요 거래처로 국방과학연구소(ADD), LIG넥스원, 한화시스템, 현대로템이 있다.

특히 2018년에 아시아에서 처음으로 MIL-SPEC(미국 국방규격) 커넥터를 개발하여 미국 국방군수국의 인증목록(QPL, Qualified Product List)에 등재하는 데 성공했다. 이는 연합정밀의 품질과 기술력이 국제적으로도 인정받았음을 의미하며, 국내 방산업체로서의 위상을 더욱 높이는 계기가 되었다. QPL 등재는 글로벌 시장에서 신뢰를 얻기 위한 중요한 기준으로, 연합정밀의 제품이 국제무대에서도 경쟁력을 갖출 수 있도록 하는 기반이 되었다.

연합정밀은 차세대 작전 환경에 적합한 고신뢰성 커넥터 및 전술 네트워크 시스템 개발에 투자하며, 자율 무기체계 및 미래형 군 통신장비 적용을 위한 기술 연구를 지속하고 있다.

*

우리별

1992년, 대한민국 최초의 소형 과학실험위성 '우리별 1호' 발사와 함께 설립된 ㈜우리별은 지휘통제·통신, 감시정찰, 우주·항공 분야 방산업체다. 통신장교 출신인 이정석 대표가 '우리별정보통신'이라는 상호로 시작하여, 2000년 '㈜우리별텔레콤'으로 변경하였고, 2011년 현재의 사명 우리별이 되었다.

주요 사업 분야로는 지휘통제·통신, 감시정찰, 우주·항공 등이 있다. 지휘통제·통신 분야에서는 전술정보통신체계(TICN)와 위성통신체계(Milsatcom- Ⅰ/Ⅱ) 사업을, 감시정찰 분야에서는 해안·항만 및 주요 시설 감시용 다기능 복합감시체계를, 우주·항공 분야에서는 공군 전투기의 Mode-5 피아식별장치 사업에 참여한다.

방산 제품으로는 울산급 Batch-Ⅲ의 핵심 장치인 신호처리기와 신호통제기, 천궁 다기능레이더(MFR)의 명령신호분배장치 및 안테나자세제어장치, TOD(열상감시장치)의 핵심 구성품, 전차·장갑차의 조준경·잠망경의 핵심 구성 장치 등이 있다.

주요 거래 업체로는 한화시스템, LIG넥스원, 한국항공우주산업(KAI)

등이 있으며, 국방부 및 방사청과도 긴밀한 협력 관계를 유지한다.

최근에는 ADD 및 체계업체와 협력하여 저궤도위성 사업에 필요한 최첨단 신기술 확보와 위성탑재용 핵심 구성품 개발에 매진하고 있다. 국방 5대 신산업 중 기타 분야에서 자율·인공지능 기반의 감시정찰에 핵심부품으로 사용되는 '신호처리보드' 기술로 '제1기 방산혁신기업에 선정됐다.

우리별은 임직원 166명 중 연구개발 및 기술 인력의 비중이 상당하다. 공공사업(공항·소방) 등으로 사업 다각화도 추진 중이다.

*

이오시스템

이오시스템은 1979년 '한국광학기술개발㈜'로 설립되었으며, 2000년에 현재의 사명으로 변경하였다. 설립 초기에는 야간광학부품과 레이저 광학부품의 생산을 주력 사업으로 삼았으며, 이후 전자광학 및 적외선 열영상 기술을 접목한 다양한 고급 광학 제품을 개발하였다. 1984년에는 방산업체로 공식 지정되었으며, 이후 군과의 협력을 통해 군사용 광학 및 센서 장비 시장에서 입지를 다졌다.

주요 사업 분야는 전자광학시스템, 사격통제장비, 미사일 발사장치용 센서모듈, 영상 및 신호처리 소프트웨어 등이다. 특히, 첨단무기체계용 영상융합센서와 전자광학센서 개발에 집중한다. 방산 제품으로는 열영상조준경, 야간투시경, 레이저 거리측정기 등 다양한 전자광학 장비를 개발 및 생산해 군에 납품한다.

국내외 다양한 방산 및 광학 기술 기업들과 협력한다. 주요 거래처로는 국방부, 방위사업청, 한화시스템, LIG넥스원, 한국항공우주산업(KAI) 등이 있으며, 일부 제품은 해외 방산업체에도 공급된다. 전체 매출의 약 30% 이상이 해외 수출에서 나오며, 현재 유럽, 중동, 아시아, 북미 지역의 군 및 방산업체들과 협력하여 수출을 확대하고 있다.

2024년 12월, 무인플랫폼에 들어가는 '영상 획득 및 처리장치'의 혁신적인 기술력을 인정받아 무기체계 장비 분야에 방산혁신기업 100에 선정됐다. 향후 5년 동안 국방 연구개발(R&D) 예산과 함께 다양한 컨설팅 및 수출지원 등 종합적인 지원을 받을 예정이다.

*

휴니드테크놀러지스

1968년 12월 대영전자공업으로 설립된 휴니드테크놀러지스는 2000년에 현재의 사명으로 변경하였다. 전투기 패널과 통신장비를 주력으로 생산하는 방산업체로, 최근 몇 년간 수주 물량을 꾸준히 확보하며 성장하고 있다.

주요 사업 분야는 군 전술통신장비와 항공전자시스템이다. 특히 차세대 전술정보통신체계(TICN) 사업의 대용량 무선 전송체계를 개발하여 군 전술통신망 발전에 선도적인 역할을 하고 있다. 또한, 항공 전자 컴포넌트 분야에서도 두각을 나타내며, 국내 중소 방산업체로는 유일하게 보잉 및 에어버스 등 글로벌 항공업체에 부품을 공급한다.

주요 방산 제품으로는 군 전술통신장비, 무선 전송 시스템, 사격 통제 장비, 항공전자 시스템 등이 있다. 이들 제품은 군의 지휘통제 및 통신 능력을 향상하는 데 보탬이 되고 있다.

주요 거래 업체로는 LIG넥스원, 한화시스템 등 국내 대기업이 있고, 이들과 함께 군 전술 통신기 공급업체로서의 입지를 강화하고 있다. 또한, 보잉 및 에어버스와의 협력을 통해 글로벌 항공 시장에서도 경쟁력을 확보 중이다.

2020년에 국내 최초로 수리온과 소형무장헬기용 비행제어 컴퓨터·자동비행모듈의 정비 업체로 선정되어, 향후 약 30년간 한국항공우주산업(KAI)이 생산하는 해당 헬기들의 핵심부품 창정비 서비스를 제공한다. 휴니드는 4차 산업혁명 기술을 접목한 차세대 MANET/FANET 솔루션과 초연결 해상 네트워크 시스템을 통해 미래 전장을 선도하고 있다. 2024년 3월에는 김유진 회장이 한국방위산업진흥회(방진회) 제18대 회장으로 재선임됐다.

03.
화력·탄약

두원중공업

두원중공업은 1979년 대동중공업이라는 이름으로 설립되었으며, 방산 제품 및 선박 엔진 전문업체로 시작하였다. 1989년 두원그룹에 인수된 이후, 1991년 현재의 사명으로 변경하였다. 대한민국 최초의 미사일 로켓인 백곰의 기체 구조를 개발한 방산업체다.

두원중공업은 방위산업, 선박 엔진, 자동차 부품 등 다양한 분야에서 사업을 전개하고 있다. 1993년부터 차량 에어컨용 컴프레서를 생산하기 시작하였으며, 2008년에는 독자 기술로 DV 컴프레서를 개발하여 국내 자동차 제조사에 공급하고 있다. 또한, 우주항공 분야에서는 1999년 12월 발사된 아리랑 1호의 열제어계를 설계·제조하였다. 주요 방산 제품으로는 미사일 기체 구조물과 전투기 및 군용차량 부품, 선박 엔진 부품 등이 있다.

주요 거래 업체로는 LIG넥스원, 한국항공우주산업(KAI), 현대자동차·기아, 해군 및 방사청 등 국내 주요 방산업체와 자동차 제조사가 있다. 2024년 9월, 충북 옥천군과 500억 원 규모의 투자협약을 체결하여 옥천테크노밸리 산업단지에 제조시설을 증설하고 100여 명의 신규 고용을 창출할 계획이다.

*

세아항공방산소재

세아항공방산소재는 1945년 시흥공업사로 출발하여, 1967년 삼선공업, 1997년 두레에어메탈로 사명을 변경하며 성장해왔다. 2002년 미국의 글로벌 알루미늄 소재 기업 알코아(Alcoa)에 인수된 후, 2016년 알코닉코리아(Arconic Korea)로 사명을 변경하며 세계적인 알루미늄 소재 기업의 한국 법인으로 운영되었다. 이후 2019년, 세아베스틸이 알코닉코리아를 인수하면서 회사명을 세아항공방산소재로 변경했다. 세아그룹의 알코닉코리아 인수는 기존 철강 소재뿐만 아니라 알루미늄 소재 산업까지 사업영역을 확대하기 위한 전략적 결정으로 평가된다.

세아항공방산소재는 항공우주, 방위산업, 자동차, 산업용 분야에서 고강도 알루미늄 합금 압출 제품을 전문으로 생산한다. 특히 항공 및 방위산업에 사용되는 고품질의 알루미늄 소재를 공급하며, 국내 최고의 알루미늄 합금 생산 능력과 세계 최고 수준의 품질 경쟁력을 갖추고 있다. 주요 방산 제품으로는 고강도 알루미늄 합금 압출 제품이 있으며, 항공기 구조물과 방위산업 장비에 널리 사용된다. 또한, 기계 가공,

도금, 도장 등 토털 솔루션을 제공하여 대한민국 방위산업 발전에 기여하고 있다. 거래 업체로는 글로벌 항공사인 보잉과 에어버스가 있으며, LIG넥스원, 한화에어로스페이스, 한국항공우주산업(KAI) 등 다양한 방위산업 관련 기업들과 협력관계를 유지하고 있다.

2023년에 에어버스 디펜스 앤 스페이스(AIRBUS DEFENSE & SPACE)로부터 인증을 획득해 글로벌 항공 시장에서의 입지를 더욱 강화하였다.

*

코리아디펜스인더스트리

코리아디펜스인더스트리(KDind)는 2020년 한화에어로스페이스(구, 한화/방산)로부터 물적 분할된 방산 전문기업이다. 한화그룹이 환경·사회책임·지배구조(ESG) 경영 강화를 위해 비인도적 무기로 분류되는 분산탄(집속탄) 사업을 철수하면서 별도의 회사로 설립되었다.

분산탄은 대량살상무기로 간주되어 유엔(UN) 및 국제사회의 강한 규제를 받는 무기체계이다. 한화그룹은 태양광 사업 등 친환경 산업에 집중하고 해외 투자 유치를 활성화하기 위해 분산탄 사업을 KDind로 분사하였다.

주요 사업 분야는 다련장 체계, 공병탄약 체계, 신관 및 탄두, 해중 센서, 통합지원체계(IPS) 등이다. 특히, 포병 화력의 핵심 무기체계인 다련장 체계와 스마트한 공병을 위한 차세대 방호 체계개발에 주력한다.

방산제품으로는 230mm 유도 지역제압탄, 지뢰살포기-Ⅱ, 155mm 포투발 살포탄, 장거리 살포탄 등이 있다. 또한, 다양한 신관과 탄두를 개발·생산하며, 군함 및 잠수함의 탐지를 위한 소나 등 해중 센서 분야에서도 역량을 보유하고 있다.

KDind는 국방부 및 방사청, LIG넥스원, 한화에어로스페이스, 한화디펜스 등 국내 주요 방산업체와 협력하여 다양한 무기체계 개발 및 생산에 참여한다. 최근 충청남도 논산시 양촌면 임화리 일원에 새로운 생산 시설을 구축했다.

*

한일단조공업

한일단조공업은 1966년 한·독 합작 기업으로 설립된 대한민국의 대표적인 단조(Forging) 전문기업이다. 단조는 금속을 압축하여 강도를 높이고 내구성을 극대화하는 제조 공정으로, 한일단조공업은 자동차 및 방위산업용 핵심 단조 부품을 생산하며 국내외 시장에서 높은 평가를 받고 있다. 1996년 코스닥(Kosdaq)에 상장되었다. 북한의 미사일 발사에 따라 한반도에 긴장이 고조될 때마다 방산 테마주로 주목받는다.

한일단조공업은 자동차 부품과 방산 부품을 주요 사업 분야로 두고 있다. 자동차 부품은 Axle Shaft 및 Spindle류와 같은 정밀 부품을 생산한다. 방산 부품은 첨단 유도탄의 탄체 및 탄두, 중장비 부품, 조선 및 항공산업 부품 등을 제작한다.

방산의 경우, 첨단 유도탄의 핵심부품인 탄체와 탄두를 제작하고 전차, 전함, 항공기 등에 사용되는 다양한 부품도 생산한다. 국내 방산 및 국방력 강화를 위한 핵심 소재 공급업체로서 역할을 담당한다. 정밀 단조 기술을 기반으로 다양한 방산 제품을 생산해 국방부, 방사청, 한화에어로스페이스, LIG넥스원 등에 제공한다.

04.
함정·기동

HJ중공업

HJ중공업은 1937년 설립된 조선중공업을 전신으로 하며, 국내 최초로 특수용 선박을 제작한 조선업체이다. 1945년 대한조선공사로 국영화, 1962년 극동해운이 인수하며 민영화되었다. 이후 1989년 한진그룹으로 편입되며 한진중공업으로 사명을 변경하였고, 2021년 동부건설에 인수되면서 현재의 사명인 HJ중공업으로 변경되었다.

HJ중공업은 대한민국 조선업의 역사와 함께해 온 기업으로, 1972년 국산 경비정 제작을 시작으로 방산 함정 사업에 진출하였다. 1974년 방산업체로 지정된 후, 대형 수송함, 초계함, 상륙함, 공기부양선, 고속정, 경비정 등 다양한 중소형 함정을 건조했다.

HJ중공업은 조선과 건설 두 개의 주요 부문에서 사업을 영위하고 있다. 조선 부문에서는 방산 및 특수선 등을 건조하며, 건설 부문에서는 토목, 건축/주택, 플랜트 등을 담당한다. HJ중공업은 과거 한진중공업 시절부터 건설 부문에서도 두각을 나타내어 건설 매출 비중이 높았다.

2021년 동부건설과의 인수합병(M&A)이 이루어진 배경도 건설 부문과 방산부문의 기술력이 주요 요인으로 작용했다.

HJ중공업은 국내 최초로 특수선을 개발하고 특히 소형부터 중형급 함정에 이르기까지 다양한 방산 선박을 건조하며, 최신 함정 개발 및 해외 수출을 추진하고 있다. 해군과 해양경찰청뿐만 아니라 한화시스템, LIG넥스원, 한화에어로스페이스 등과 협력한다.

HJ중공업은 대한민국 최초의 조선사로 시작하여, 현재는 중소형 함정 및 특수선 제작에서 독보적인 기술력을 보유하고 있다.

*

LS엠트론

LS엠트론은 1962년 한국케이블공업으로 출발한 산업기계 및 첨단 부품 제조 전문 기업이다. 1995년 LG전선으로 사명을 변경한 후, 2008년 LS엠트론으로 독립하였으며, 현재 LS그룹의 주요 계열사로 자리 잡고 있다. LS그룹은 2003년 LG그룹에서 분리됐다.

주요 사업 분야는 기계 부문과 부품 부문으로 나뉘며, 기계 부문에서는 트랙터, 사출시스템, 특수(궤도) 사업을, 부품 부문에서는 전자부품 사업을 영위한다. 방산 제품으로는 K2 전차, K9 자주포 등에 장착되는 한국형 궤도와 미국형(M1, M113, M109), 러시아형(T-72, T-90, BMP-2) 궤도 등 총 16종을 독자 설계·개발하여 공급한다.

1974년 군용 궤도 사업을 시작한 이후, 대한민국 육군의 전차, 장갑차, 자주포 등에 사용되는 궤도를 독점 공급해 왔다. 특히 1998년에는 국내 최초 독자 설계 제품인 K9 자주포 궤도를 개발하며 기술 자립에 성공하였다. 2008년에는 K2 흑표 전차 궤도 개발을 완료하면서 방산 사업의 경쟁력을 더욱 강화하였다.

세계에서 유일하게 한국형, 미국형, 러시아형 궤도의 독자 설계·개발 역량을 갖추고, 국가별 맞춤형 궤도를 공급할 수 있다. LS엠트론은 미국, 폴란드, 인도, 터키 등 40여 개국에 방산 궤도를 수출한다. 특히 K9 자주포, K2 전차 수출 계약 증가에 따라, 폴란드 등 유럽 국가에서 LS엠트론의 궤도가 채택되고 있다. 국내에서는 육군 및 방사청, 한화디펜스, 현대로템 등과 협업한다.

최근 한국 K-방산의 성장과 함께 LS엠트론의 궤도 사업도 빠르게 확대될 전망이다. LS엠트론은 탄소복합소재 및 경량화 기술을 적용한 차세대 궤도 개발에 집중하고 있다. 기존 강철 궤도보다 가벼우면서도 내구성이 뛰어난 제품을 통해 전차의 기동력 향상 및 유지보수 비용 절감을 목표로 한다.

*

SK오션플랜트

SK오션플랜트는 1999년 경남 밀양에서 후육강관 제조업체로 설립되어, 해양플랜트와 방산분야에서 독보적인 위치를 구축해 왔다. 후육강관은 주로 석유나 천연가스를 시추하는 해양플랜트에 사용된다.

2008년 코스닥에 상장한 이후, 조선과 해양플랜트 등으로 사업 영역을 확장하였고, 2019년 신성장 동력의 일환으로 STX조선해양의 특수선 부문을 인수해 방산분야에 본격적으로 진출했다. 2021년에는 SK에코플랜트가 약 4600억 원을 투자하여 경영권을 인수해 자회사로 편입했다. 2023년 지금의 'SK오션플랜트'로 사명을 변경했다.

사업 분야는 크게 해상풍력, 조선, 플랜트로 구성된다. 특히 해상풍력 하부구조물 제조 역량은 세계 최고 수준으로 평가받는다. 대형선박과 특수선 분야에서도 공정별 장비와 작업장을 보유하여 경쟁력을 강화하고 있다.

방산 제품으로는 대한민국 해군과 해양경찰청에 다수의 함정을 성공적으로 인도한 실적을 보유하고 있다. 3,000톤급 훈련함, 3,000톤급 경비함, 1,500톤급 경비함 등 다양한 선종의 경비함을 건조하였다. 해군, 해양경찰청, 국내 주요 조선 3사(HD현대중공업, 한화오션, 삼성중공업) 및 다양한 해외 거래처에, 후육강관, 해양플랜트, 조선기자재 등을 제작·공급한다.

특수선 방산시장에서 대형 함정 부문은 HD현대중공업과 한화오션이, 그리고 중소형 함정 부문에서는 SK오션플랜트와 HJ중공업이 경쟁한다.

*

STX엔진

STX엔진은 1976년 설립된 대한민국 대표 디젤엔진 및 전자통신장비 제조업체이다. 초기에는 선박 및 발전용 디젤엔진 제조에 집중했으며, 1977년 독일 MTU사와 디젤엔진 창정비 협정서를 체결하면서 국내 방위산업 디젤엔진 분야에 본격적으로 진출하였다. 당시 대한민국은 방산용 디젤엔진 생산 기술이 전무한 상태였으며, 엔진 유지보수조차 해외 업체에 의존해야 했다. STX엔진은 MTU와의 기술 협력을 통해 창정비(Overhaul) 기술을 내재화하고, 이후 자체 엔진 생산 능력을 갖추면서 국산 방산 엔진 시장을 선도하게 된다.

주요 사업은 민수용 엔진 부문, 방산용 엔진 부문, 전자통신 장비 부문 크게 세 가지로 나눌 수 있다. STX엔진이 생산하는 방산용 엔진은 전차 및 자주포에 탑재되며, 특히 K9 자주포의 엔진을 공급하고 있다. STX엔진의 방산용 엔진은 높은 내구성과 성능을 바탕으로, 군사 작전의 신뢰성과 효율성을 보장하는 핵심 장비로 평가받는다. 2021년부터 정부 지원을 받아 K9 자주포 엔진 국산화 개발에 착수하여 최근 개발을 완료하였다.

주요 거래처로는 국내 조선소와 발전소 등에 선박용 및 발전용 엔진을 공급한다. 방산부문에서는 대한민국 육군, 해군, 해양경찰청 등과 긴밀한 협력관계를 유지하고 있다. 또한 한화에어로스페이스, HD현대중공업, 한화오션 등에 엔진 및 장비 등을 공급한다.

2024년 11월 대한민국 국제방위산업전시회(KADEX 2024)에 참가하여 K9 자주포 1000마력급 디젤엔진을 선보였다. 해안감시레이더-II(GPS-240K)를 자체 기술로 개발하여 국방부로부터 전투용 적합 판정을 받았다.

*

두산에너빌리티

두산그룹은 한때 한국 방위산업의 주요 기업 중 하나로, 장갑차, 탄약운반차, 전차 등 다양한 기동장비를 생산했다. 우수한 엔진 기술을 바탕으로 방산용 선박과 차량의 엔진을 군에 납품하며 방산부문에서 큰 역할을 했다. 그러나 현재는 두산에너빌리티(옛 두산중공업)만이 방산 계열사로 남아 있다. 두산에너빌리티는 1962년 현대양행으로 설립되어 1980년 한국중공업으로 이름을 바꾸고 공기업이 되었다가, 2001년 민영화되면서 두산그룹에 인수되어 두산중공업이 되었다. 2022년 에너지 사업에 집중하기 위해 두산에너빌리티로 사명을 변경했다.

현재 두산에너빌리티는 종합 발전설비 및 에너지 전문기업으로, 가스터빈, 풍력, 태양광, 수소에너지 등 친환경 에너지 사업에 주력한다. 방산부문의 비중은 크지 않지만, 발전용 가스터빈 기술을 기반으로 항공 엔진 개발에 참여하며 방산분야에서의 역할을 확대하고 있다. 특히 군용 항공기 및 무인기(드론)용 터빈 엔진 개발을 추진하고 있다. 한국항공우주산업(KAI)과 협력하여 항공기 엔진 부품 및 전투기용 보조 동력장치(APU) 국산화 사업에 참여한다. 두산에너빌리티가 항공 엔진 개발을, KAI가 항공기 체계개발을 맡아 시너지를 창출하고 있다. 또한 두산에너빌리티는 금속 적층제조(Additive Manufacturing) 기술을 발전·방산분야에서 축적해 왔으며, 이를 조선 분야로 확장하고 있다. 싱가포르의 조선해양 기업인 Sembcorp Marine과 협력하여 조선 분야의 AM 부품 개발 및 공급을 추진 중이다.

최근 두산에너빌리티는 국방과학연구소와 항공엔진 시험 과제 계약을 체결하며 방산분야에서의 입지를 강화하고 있다. 이러한 노력을 통해 두산에너빌리티는 에너지 부문과의 시너지를 활용하여 방산부문에서의 역할을 지속적으로 확대해 나갈 것으로 기대된다.

*

엠앤씨(MNC)솔루션

엠앤씨(MNC)솔루션은 1974년 설립되어 방산업체로 지정된 이후, 한국 기계산업의 유압장치 분야를 이끌어 왔다. 1984년 대우그룹에 인수되며 본격적인 성장을 시작하였고, 1987년 대우그룹에서 계열 분리되어 독립적인 행보를 걸었다. 2007년 동명모트롤로 사명을 변경하였고, 2008년 두산그룹에 인수되어 두산모트롤로 재탄생하였다. 이후 2021년 소시어스프라이빗에쿼티(PE)와 웰투시인베스트먼트 컨소시엄에 인수되며 현재의 엠앤씨(MNC)솔루션으로 거듭났다.

엠앤씨(MNC)솔루션은 방산용 유압식 및 전기식 부품과 시스템을 제조하는 전문기업이다. 방위산업의 기동 화력, 방호 시스템, 해상 및 항공 무기체계의 방향 전환과 이동 안정성을 정밀하게 제어하는 부품을 공급한다. 특히, 포/포탑 구동장치, 미사일 스티어링, 해상 시스템, 발사대 시스템, 서스펜션, 항공기 유압펌프, 연료 제어 장치, 서보밸브 등 다양한 제품을 통해 무기체계의 핵심 기능을 수행하고 있다.

1999년 국내 최초로 방산용 서보밸브 개발과 양산에 성공하며 여러 무기체계의 국산화를 이끌었다. 서보밸브는 미세한 전류 신호를 통해 유압 시스템을 정밀하게 제어하는 핵심부품으로, K2 전차, K9 자주포, 유도무기 등 다양한 방위산업 장비에 적용된다. K2 전차, K9 자주포, 천무, 천궁-II 등 주요 체계업체에 핵심부품을 공급하며 긴밀한 협력 관계를 유지하고 있다. 또한 튀르키예의 알타이 전차에 서보밸브를 공급하며 해외 방산 시장에서도 입지를 강화 중이다.

05.
화생방 등

SG생활안전

SG생활안전㈜는 1950년 금홍화학공업이라는 이름으로 설립되었으며, 1961년 삼공물산으로 사명을 변경했다. 1973년 일본 시게마쓰 제작소와 제조 기술 제휴를 맺으며 본격적으로 군용 방독면 국산화에 성공했고, 이후 산업안전과 방위산업 분야에서 독보적인 기술력을 확보해 왔다. 2015년 CJ그룹에 인수되면서 'SG생활안전'이라는 현재의 이름으로 새롭게 출발했다. 이후 기존의 기술력과 시장 경험을 바탕으로 경쟁력을 강화해 나가고 있다.

SG생활안전은 국내외 산업 현장과 국방 분야에 필수적인 안전 장비와 방호 제품을 공급하는 기업이다. 산업안전, 소방 안전, 해양 안전, 방위산업 등 다양한 분야에서 걸쳐있는 종합 안전 솔루션 기업이다. 특히 군용 방독면 및 화생방 방호를 반세기 넘게 군에 공급해 왔다. 주요 거래처로는 방사청, 소방청, 해군, 해경 등이 있다. 최근 SG생활안전은 차세대 XR(확장현실) 제조 기술을 공동 개발해, VR 안전교육 콘

텐츠 사업 등 신사업 분야로의 확장을 통해 종합 생활안전 기업으로서의 입지를 구축하고 있다.

*

대양전기공업

대양전기공업㈜는 1977년 부산 영도구 남항동에서 대양전기제작소라는 이름으로 출범하였다. 1984년 본사를 사하구 신평동으로 이전하면서 사업을 확장하였으며, 선박용 전기 장비를 전문적으로 제작하는 기업으로 성장하였다.

설립 초기에는 주로 선박 조명과 배전반 등 전기 장비를 제작했으며, 이후 방산분야로 영역을 넓혔다. 특히 해군과 해양경찰청의 함정에 ICS(함내외 통합 통신체계, Integrated Communication System), 전자 시스템, 배전반 및 조명 등 주요 장비를 공급하며 국내 방산업체로 자리 잡았다. 2012년에는 함정용 전원 공급장치 및 특수전지 제조업체인 한국특수전지를 인수하며 함정 전자 장비 분야에서의 경쟁력을 더욱 강화하였다.

대양전기공업은 조선·방위·철도·자동차 산업 등 다양한 분야에서 제품을 공급한다. 해군 함정뿐만 아니라 해경 경비함, 해양 특수선 등 다양한 선박에 맞춤형 전기·전자 장비를 공급하며, 최근 차세대 스마트 함정 개발 프로젝트에도 참여하고 있다. 방사청 및 ADD, 조선 3사

(HD현대중공업, 한화오션, 삼성중공업)와 협력한다. 매년 매출의 상당 규모를 연구개발에 투자한다.

*

한컴라이프케어

한컴라이프케어는 1971년 '산청'이라는 이름으로 설립되어 소방용 방화복과 공기호흡기 등을 제조·판매하며 개인 안전보호구 전문업체로 출발하였다. 1984년 공기호흡기를 개발하였고, 2008년에는 K1 군용 방독면의 방산업체로 지정되며 사업 영역을 확장하였다. 2017년 한글과컴퓨터에 인수되어 현재의 사명으로 변경하였다.

주요 제품으로는 KS 일반 및 화재대피용 마스크, 공기호흡기, 방열복, 방화복, 불침투성 보호복 등 다양한 안전장비를 다룬다. 특히, 2019년 방사청이 발주한 신형 K5 방독면의 3차 양산 사업을 수주하며 방산 분야에서의 입지를 강화하였다. SG생활안전과 경쟁 관계를 형성하며, 군용 방독면 및 산업안전 시장에서 시장 점유율을 높이기 위해 힘쓰고 있다.

한컴라이프케어는 최근 미국의 개인 안전 장비(PPE) 전문업체와 K3·K11 방독면 독점 공급 계약을 체결하고 초도 물량을 수주하였다. 2024년에는 필리핀 육군과 100억 원 규모의 군복 납품 계약을 체결하는 등 글로벌 시장 공략에 박차를 가하는 중이다.

또한 K77 사격지휘 장갑차 후방 카메라 장착 사업과 지상 레이저 표적지시기 국산화 등 방산부문의 신규 사업에도 참여하는 등 사업 영역을 지속적으로 확장하고 있다.

지역별

01.
수도권 vs 지방

방산업체는 본사 소재지를 기준으로 보면 수도권에 집중된다. 이는 일반기업의 수도권 집중 현상과 유사한데, 주로 서울에 대기업 본사가 몰려 있다. 반면에 지방에는 사업장이 주로 분포되어 있다. 방산업체는 서울 본사를 중심으로 행정 및 관리 업무를 담당하며, 지방에는 주로 생산 및 연구개발 조직이 위치한다.

방산업체 수도권 집중은 관리의 효율성 목적이 크다. 일각에서 대기업 본사와 연구소들이 서울과 성남 판교에 자리한 이유를 민간 분야와 기술 협력의 필요성 때문이라고 강조하는 것과 일맥상통한다. 반면 지방에서는 생산 기반이 중요한 역할을 하며, 대규모 사업장이 가동된다. 이처럼 방산업체 지역별 분포는 수도권의 본사 집중과 지방의 사업장 분산이라는 형태로 이어진다.

****

지방자치단체들이 방위산업을 지역 경제의 성장 동력으로 삼으면서, 방산업체 유치를 위한 지역 간 경쟁도 치열하다. 방위산업은 첨단기술 개발과 부가가치를 창출하는 산업으로, 해당 지역에 방산업체가 자리하면 지역경제 활성화에 기여하는 바가 적지 않다. 그래서 지자체들은 다양한 혜택과 인프라를 제공하며 방산업체 유치에 적극적으로 나선다. 충청권, 경남권, 경북권 등이 방위산업의 중심 지역으로 꼽힌다. 많은 방산업체가 이들 지역을 기반으로 사업장을 운영 중이다.

방산업체가 한 지역에 자리 잡게 되면, 기술 인력이 필요하므로 고용 창출 효과가 일어난다. 엔지니어링, 제조, 연구개발 부문에서 수많은 일자리가 생겨난다. 이에 따라 인구 유입과 소비 증가가 이어져 지역 상권도 함께 활성화된다. 지자체는 방산업체를 지원하기 위해 산업단지, 교통, 물류 등 인프라를 확충한다. 이러한 인프라 확장은 방산업체뿐만 아니라 다른 기업들의 유치에도 긍정적인 환경을 조성해 장기적인 지역 발전의 기반을 마련한다.

그런데 방산업체는 혼자만의 힘으로 운영되는 게 아니다. 다수의 협력업체와 연계해 복합적으로 운영된다. 따라서 방산업체 유치는 직접적인 경제 효과를 창출하는 것뿐만 아니라, 해당 기업과 연관된 협력업체들의 성장을 촉진하는 역할을 한다. 협력사들은 부품 조달, 기술지원, 유지 보수 등 다양한 분야에서 방산업체와 협력하며 지역 내 중소기업들의 성장을 유도하게 된다. 대기업 방산업체는 다수의 협력사와 함께 방위산업 생태계를 이루며, 방산기술 발전에 필요한 핵심부품과 서비스를 제공한다. 이로써 지역 내 중소기업들이 경쟁력을 갖추고 글로벌 시장으로 진출할 기회도 얻게 된다.

****

방산업체는 일반 제조업보다 장기적인 프로젝트와 안정적인 수요를 바탕으로 운영되는 경우가 많다. 국방 수요는 국가안보와 직결되기 때문에 일정한 수요가 꾸준히 발생하며, 정부의 예산 지원과 수출 확대를 통해 장기적인 경제 기반을 유지할 수 있다. 특히 최근에는 글로벌 시장에서도 한국 방산업체들이 두각을 나타내면서, 이들 기업의 수출 확대가 지역 경제에 더욱 긍정적인 영향을 미치고 있다. 한화에어로스페이스의 K9 자주포나 현대로템의 K2차와 같은 첨단 무기체계의 수출은 국내 방산업체의 성장을 촉진하고, 지역 경제 활성화에도 상당한 보탬이 된다. 이처럼 방산업체 유치는 고용 창출, 협력업체와의 연계 발전, 인프라 확충 등 여러 방면에서 지역경제 활성화에 보탬이 된다. 방위산업은 단기적인 경제 효과를 넘어서 장기적인 안정성을 갖춘 산업으로, 해당 지역에 지속 가능한 경제 기반을 마련하고 지역의 산업 경쟁력을 함께 진작시킨다.

02. 충청권

충청권 방산업체는 대전과 논산, 계룡을 중심으로 이루어진다. 대전에는 한화에어로스페이스 종합연구소, 풍산 방산기술연구원, LIG넥스원 연구소 등이 위치한다. 이들 연구소는 화력, 탄약, 유도 무기체계 분야의 첨단 기술을 연구한다. 논산에는 풍산FNS, 코리아디펜스인더스트리가 있다. 또한 방산 및 국방 관련 기관도 적지 않다.

* * * * * * * * * * *

과천에 있는 방사청은 대전으로 이전이 확정됐다. 이미 일부 부서는 대전에 둥지를 틀었다. 국방과학연구소(ADD), 국방기술품질원 신뢰성시험센터도 대전에 있다. 이외에도 육군군수사령부, 교육사령부, 자운대 등 다수의 군사 기관이 자리한다. 특히 대전은 방사청의 이전을 시작으로 방산 중심 도시로서의 입지를 강화할 방침이다. 방사청은 대전 이전을 통해 방산업체들과의 협력을 강화하고, 국방 관련 연구소들과의 시너지 효과를 기대하고 있다.

대전은 또한 국방ICT융합센터와 같은 연구기관을 통해 민간 정보통신기술(ICT)과 방위산업의 융합을 모색하고 있다. 이러한 시도는 국방 분야에서 4차 산업혁명의 핵심기술들을 적용해 방위산업의 경쟁력을 더욱 강화할 수 있는 계기가 될 것으로 보인다. 대덕특구 내의 방산 연구소들은 이러한 흐름에 맞춰 인공지능(AI), 드론, 로봇 등 차세대 국방 기술 개발에 박차를 가하고 있다. 지난해 방사청 대전청사에서 문을 연 국방반도체사업단도 이런 흐름과 맥을 같이한다. 사업단은 국방기술진흥연구소(국기연) 소속으로 국방반도체 기술 자립과 국내 생산 역량을 확보 임무를 수행하게 된다. 'K-무기체계 범용 국방반도체 칩' 개발을 추진하며, 국방반도체 분야별 기술 수준을 고려해 단계적으로 연구개발(R&D)을 진행한다. 국방 특화 온디바이스 인공지능(AI) 반도체 개발에도 나선다.

대전은 지난 2022년 방사청 '방산혁신클러스터' 사업에 선정됐다. 이후 유·무인 복합체계(드론) 분야의 기업들을 유치하고, 방산기술의 첨단화에 앞장서고 있다. 특히 대전시는 안산첨단국방산업단지 조성에 박차를 가하며, 이를 통해 방산업체들이 첨단 기술을 연구하고 상용화할 수 있는 생태계를 구축할 전망이다.

* * * * * * * * * *

대전과 더불어 논산 역시 충청권 방위산업 발전의 중요한 축을 담당한다. 논산시는 2023년 국방미래기술연구센터를 유치했다. ADD 산하 기관인 센터에서는 인공지능 무인 체계 운용, 로봇 체계, 화학생물학(Chem-Bio), 군용 전지 특수 성능평가 연구, 국방 차세대 에너지 연구 등 미래세대를 위한 국방 미래 첨단기술을 연구·실험 등이 진행된다. 2030년 센터건립을 목표로 한다. 논산은 충남도가 추진 중인 논산국방국가산업단지는 충청권 방산 벨트의 핵심 거점이다. 논산에 방위산업 관련 기업과 연구기관을 유치해, 지역 경제 활성화와 방산기술 혁신을 동시에 추진한다.

논산의 건양대학교는 지난해 교육부의 '글로컬대학 30 프로젝트' 공모사업 유치에 성공했다. 충청권에선 4년제 대학으로 유일하게 최종 선정돼 국비 1000억 원을 확보하는 쾌거를 이뤘다. 건양대는 논산국방국가산단 구축계획과 연계해 모든 학과와 교원을 국방산업 중심 체계로 개편하는 교육 혁신을 통해 국방산업 융복합 인재 양성 및 국방 산학연 생태계를 구축할 계획이다. 또한 국방대학교도 논산에 있다. 그 이름에 걸맞게 국내외 군사 전문가들이 모여 국방 정책과 전략을 연구하는 곳이다. 방산업체들이 최신 군사 트렌드에 맞는 기술을 개발할 수 있도록 지원하는 역할이 기대된다.

* * * * * * * * * * *

계룡에는 육·해·공군 3군 본부가 위치한다. 군사 인프라와 방산업체 간의 긴밀한 협력이 가능하다. 매년 개최 중인 계룡軍문화축제에 더해 지난해에는 아시아 최대규모 방산 전시회인 국제방위산업전시회(KADEX2024)를 처음으로 함께 개최했다. KADEX는 K-방산을 대표하는 방산 전시회로 첨단 무기체계부터 전투력 발휘를 지원하는 전력지원체계(비무기체계)까지 대한민국 국방의 현재와 미래를 한자리에서 볼 수 있는 대규모 박람회이다. 아울러 계룡시는 한국국방연구원 계룡대 분원, 국방전직교육원 중부교육센터, 국군의무사관학교 등 국방 관련 공공기관 유치에 노력하고 있다.

03.
경남권

경남권은 대한민국 방위산업의 중심지로 창원, 진주, 사천이 핵심 지역이다. 수많은 방산업체가 밀집해 있어 방위산업의 발전을 이끄는 중요한 거점으로 평가된다.

****

창원은 대한민국 방산업계에서 가장 중요한 도시다. 단일 도시로서 가장 많은 방산업체가 자리 잡고 있다. 1차 협력사만 해도 수백 개에 이른다. 또한 지역 경제에서 방위산업이 차지하는 비중이 매우 크다. 특히 방산 매출액과 수출액, 종사자 수가 제일 높은 국내 최고 방산도시이자 경남지역 방산의 중심이다. 창원에는 기동, 화력, 항공 분야 대기업인 한화에어로스페이스, 현대로템, 현대위아, 효성중공업, 두산에너빌리티 등 5개사가 몰려 있다. 또한 국방기술품질원 기동화력센터, 육·해군정비창, 국방과학연구소 해양기술연구원 등 군 관련 인프라도 갖춰져 있다.

창원은 2020년 국내 최초로 '방산혁신클러스터'로 지정됐다. 이후 항공, AI 기반 생산기계, 동력 부품 분야에서 첨단 기술을 도입해 방산업체들이 경쟁력을 갖출 수 있도록 지원해 왔다. 특히 지역 내 방산 생태계를 강화하는 데 집중했다. 지난해 10월 '경남창원방위산업진흥센터' 건립을 마쳤고, 방산부품연구원과 첨단함정연구센터 구축도 추진 중이다. 앞으로 방산 집적지의 장점을 극대화하는 동시에 강소기업 육성에 더욱 집중할 방침이다. 방산 중소기업을 체계적으로 육성해 방위산업의 생태계 고도화를 이끌겠다는 전략이다. 최근에는 '첨단 국방과학기술 유치 및 산업클러스터 조성'을 위해 집중하고 있다.

지역 내 방산기업의 수출 시장 확대도 계속될 것으로 전망된다. 'K-방산' 최대 수출품인 K9 자주포와 K2 전차 수출 지원을 위해 호주, 폴란드 등과 우호 협약을 체결하는 등 교류를 확대해 나가고 있다. 호주는 한화에어로스페이스가 K9 자주포와 레드백 장갑차를 수출하는 곳이다. 폴란드는 현대로템이 K2 전차를 수출한 핵심 국가다. 창원시는 2023년 9월 폴란드 키엘체에서 열린 MSPO 국제방위산업 전시회에 참가해 전방위적 방산외교로 글로벌 네트워크를 구축했다. 아울러 국내외 방위산업전시회에 수출 마케팅 지원 조직을 운영해 방산 중소기업 수출도 지원하고 있다.

****

2024년 개청한 우주항공청이 진주에 둥지를 틀었다. 2023년 우주항공·방산분야 글로컬 선도대학으로 선정된 경상국립대도 진주에 있다. 또한 방위산업 제품의 품질보증과 시험평가를 담당하며, 방산업체들이 국제 표준에 맞는 제품을 개발하고 생산할 수 있도록 지원하는 국방기술품질원(기품원)이 진주에 자리한다. 진주시는 우주항공·방산분야를 신성장 동력 산업으로 인식하고 관련 분야를 집중해 육성한다는 방침이다.

사천은 KAI(한국우주항공산업)가 위치한 지역이다. 대한민국 항공우주 분야 방위산업의 본거지라고 할 수 있다. 사천은 KAI가 보유한 인프라를 기반으로 항공우주 방위산업의 첨단화와 글로벌 경쟁력을 높이는 데 매진하고 있다. 사천에어쇼는 사천을 대표하는 축제로 유명하다. 단순한 항공 축제를 넘어 우리나라 항공우주산업의 현재와 미래를 한자리에서 만나 볼 수 있다.

****

이외에도 경남권은 부울경(부산, 울산, 경남)을 포함한 해양 방위산업의 중심지이기도 하다. 한화오션, HD현대중공업, HJ중공업 등 함정 관련 방산업체들이 위치한다. 이들 방산업체는 함정 건조와 유지보수 등 해양 무기체계 생산에 있어 세계적 경쟁력을 자랑한다. 국내뿐만 아니라 해외에서도 실력의 우수성을 인정받고 있다.

04.
경북권

경북권 방위산업의 중심지는 구미다. 대규모 국가산업단지가 조성되어 있어, 전자·IT 산업의 중심지로 잘 알려져 있다. 특히 구미에는 한화시스템, LIG넥스원을 비롯한 주요 방산업체 사업장과 함께 수백 개의 중소기업이 국가산업단지에 자리한다. 또한 방사청 방산기업 원스톱지원센터, 국기연 구미국방벤처센터·전자부품사업단, 기품원 유도탄약팀 등이 있다.

* * * * * * * * * * *

구미는 지난해 '방산혁신클러스터' 사업 유치에 성공했다. 2020년 창원, 2022년 대전과의 경쟁에서 연거푸 고배를 마셨지만, 세 번째 도전에서 지역 중점 전략산업과 국방 신산업을 연계하는 전략으로 마침내 방산혁신클러스터로 선정됐다. 국방 5대 신산업인 유·무인 복합체계, 인공지능(AI), 반도체, 이차전지, 정보통신기술(ICT) 분야에서의 경쟁력을 강화해 온 게 주효했다는 평가다.

구미는 클러스터 사업을 통해 2027년까지 국방 유무인복합체계 특화방산연구시험인프라 구축, 요소기술 개발과 방산 전문인력양성, 국방신기술사업화 지원, 국방창업 및 방산진입 지원 등 지역 방위산업 육성을 위한 세부 계획을 추진한다. 구미는 전통적으로 반도체 및 전자산업의 중심지로, SK실트론, LG이노텍 등 수백 개 이상의 반도체 관련 기업들이 위치한다. 이들 기업은 방위산업의 첨단화에 기여할 기술과 인프라를 보유하고 있어, 방산업체들과의 협력으로 시너지 효과를 발휘하고 있다. 구미국가산업단지는 반도체 소재 및 부품을 중심으로 한 대규모 클러스터가 형성되어 있어, 방위산업에 필요한 첨단 부품과 소재 개발에서도 강점이다.

특히 체계업체인 한화시스템과 LIG넥스원은 구미에서 첨단 방산기술을 연구하고 생산하는 주요 방산기업이다. 이들 기업은 전자전 장비, 레이더 시스템, 유도무기 등 핵심기술을 개발한다. 최근 생산설비 투자도 활발하게 이루어진다. 한화시스템은 8만 9000여㎡(2만 7000평) 규모의 구미 신사업장이 올해 준공을 앞두고 있다. 여기에는 주요 방산 장비를 비롯한 수출 품목 및 신사업 생산·연구시설이 구축될 예정이다. 또한 LIG넥스원은 구미1하우스 인근부지 4만 700여㎡(1만 4000여평)를 매입해 미래사업 인프라 확충을 계획하고 있다. 구미를 대표하는 양대 기업의 투자는 지역 중소기업의 경쟁력 제고뿐만 아니라 우수한 중소기업의 지역 투자 확대로 이어져 지역경제 활성화에 도움이 될 전망이다.

구미는 방산혁신클러스터 선정을 계기로 국방 신기술 개발을 가속화하고, 방위산업 관련 중소기업들을 적극적으로 유치해 방산 생태계를 확대해 나갈 전망이다.

5부

방산업체 채용

01. 꼭 채용하는 4가지 직무분야

"팀장님! 방산업체 업무는 어떤가요? 일반기업과 차이가 크나요?"

"직무 구조는 비슷해요. 그래도 군을 알면 유리하죠."

"그보다 무기체계 사업구조를 아는 게 핵심 아닐까요?"

"빙고! 정답이에요."

방산업체의 조직 구조는 일반기업과 크게 다르지 않다. 일반회사가 조직을 영업, 경영지원, 재경, 제조관리, 연구개발(R&D)로 구분하는 것처럼, 방산업체도 이와 비슷한 조직 구성을 지닌다. 다만 군이 주요 고객이므로 특정 직무에서 차이를 보일 수는 있다. 채용 방식도 방산업체 수만큼 다양하다. 여기에는 각 기업의 생산 품목, 회사문화 등이 상이하기 때문이다. 또한, 직무 분야와 선발 인원도 매년 일정하지 않다. 어떤 해에는 대규모 채용이 이루어지기도 하고, 다른 해에는 전혀 채용이 없는 사례도 있다.

****

방산업체들이 일반적으로 선발하는 주요 직무 분야를 살펴보면 영업, 경영지원, 제조관리, 연구개발 등 대략 4개 분야로 구분할 수 있다.

첫째, 영업직무다.

영업은 방산업체에서 가장 특화된 분야다. 영업을 통해 계약 물량을 수주하고, 그 사업이 종료될 때까지 전반적인 계약 이행을 관리하는 일을 맡는다. 그래서 사업관리라고도 부른다. 영업직무에 군 경력자를 선호하는 이유다. 국방부, 방위사업청, 육·해·공군 본부와 같은 군 조직을 대상으로 업무를 수행한다. 따라서 군을 잘 이해하고, 해당 사업에 대한 근무 경험이 있는 인재가 사업 물량 확보에 유리하다. 이러한 이유로 예비역 장교 출신들이 다수 근무하는 경우가 많다. 조직 규모가 큰 대기업의 경우, 영업과 사업관리 부서를 별도로 운영하기도 한다. 크게 세 가지로 구분할 수 있다

가. 국내영업

방산업체의 생존을 위한 '먹거리'를 확보하는 조직으로, 국방부, 방사청, 육·해·공군 본부 등과의 관계를 통해 내수 물량을 획득하고 납품 물량을 증대하는 것이 주요 미션이다.

나. 해외영업

글로벌 시장을 대상으로 무기체계 수출 목표를 달성하기 위해 해외 시장 수요를 발굴하고, 수출 관리와 해외 시장 조사 등을 담당한다. 최

근에는 해외 영업의 중요성이 더욱 커지는 추세다.

다. 개발영업

ADD 등과 협력해 새로운 무기를 개발하는 사업 계획 및 수주 진행을 관리한다. 개발 일정 조정 등 대외 고객 협력 업무를 주로 수행한다.

둘째, 경영지원 직무다.

경영지원은 문과 전공자들이 지원할 수 있는 분야다. 최근에는 이과 전공자들의 유입도 늘어나고 있다. 이 분야에 속하는 직무로는 기획, 인사, 재무, 구매 등이 있다. 방산업체의 경영지원은 일반기업과 비슷한 업무를 수행하지만, 방산업체만의 특수한 업무도 있다. 그중 가장 큰 차이를 보이는 것이 원가부서다.

방산업체는 방산원가 적용을 받기 때문에, 무기체계의 가격은 정부가 결정한다. 따라서 제조 원가도 정부의 승인을 받아야 한다. 이 과정에서 제조 원가를 제대로 인정받기 위해 노력하는 것이 원가부서의 주요 업무다. 방산업체의 원가부서는 주로 방위사업청의 원가 담당자와 협력해 제조원가, 집행원가, 개발원가 등의 효과적인 원가관리 업무를 수행한다.

셋째, 제조관리 직무다.

사업장에서 운영되는 생산과 밀접한 업무 분야다. 이 분야는 흔히들 말하는 엔지니어의 활동 무대로 생산, 품질, 자재관리 등이 대표적이다. 실제로 현장에서 무기체계를 만드는 직무로 제조 현장의 핵심이다. 군에 납품할 무기 실물이 여기서 다루어진다. 생산관리는 제조업의 중심으로 원활한 생산이 이루어지도록 관리한다. 목표 달성을 위한 생산관리, 공정개선 등이 주된 업무다. 일반 제조업과 업무 절차가 거의 비슷하다. 반면 품질관리는 방산업체 특성이 가장 두드러진다. 입고되는 자재의 품질 적합성에서부터 완성된 제품의 품질을 보증하고 책임진다. 일반기업과 마찬가지로 품질경영과 품질인증 업무도 수행한다. 하지만 업무 파트너가 기품원이라는 점에서는 차이가 있다.

넷째, 연구개발 직무다.

방산업체에서 가장 핵심적인 직무 분야 중 하나이다. 신규 무기체계를 연구하거나 개발하는 일을 담당하며, 개발과 관련된 시험·제작 업무를 수행한다. 그래서 방산업체가 신규 사업을 수주하게 될 때, 가장 많은 채용 수요가 발생하는 직무다. 연구개발 직무 파트너는 ADD인 경우가 대부분이다. 크게 시제개발과 군수체계 업무로 구분한다.

가. 시제개발

신규 무기체계 개발과 기술 역량 강화를 위한 각종 시험 제작 업무를 지원하고 수행한다.

나. 군수체계

무기체계의 종합군수지원(ILS, Integrated Logistics Support) 기능을 수행하는 직무다. 무기체계가 전 수명 주기 동안 본연의 성능을 발휘할 수 있도록 지원한다. RAM 분석, 군수지원 분석, 훈련 장비 개발, 교보재 및 요소 개발, 군수공학 지원 업무 등이 포함된다.

* * * * * * * * * * *

방산업체 직무는 일반기업과 비슷한 구조를 지니고 있지만, 방위산업의 특수성으로 인해 군과의 관계나 경력이 필요하기도 하다. 사업관리를 담당하는 영업직무가 가장 대표적이다. 경영지원, 제조관리, 연구개발 부문에서도 군 경험이 도움이 될 수도 있다. 하지만 직무 수행에 필요한 전문성을 먼저 갖추어야 한다. 방산업계에서 일하고자 하는 지원자들은 이러한 직무의 특성과 역할을 충분히 이해하는 것이 중요하다.

02.
서울이냐 vs 지방이냐

"채용 후, 발령은 어디로 배치되나요?"

"그거야 회사마다 다르겠죠?"

"설마 처음부터 지방으로 가는 건 아니죠."

"모르죠. 그런데 방산업체가 의외로 지방에 많은데."

"특별히 방산업체가 몰려있는 도시가 있나요?"

"있죠. 그래도 대체로 수도권에 본사들이 집중되어 있죠."

대부분 사람이 지방 근무를 선호하지 않는다. 서울 근무가 최적이며, 적어도 수도권에 머무르기를 희망한다. 주로 수도권 출신이거나 서울에서 학교를 졸업한 지원자들이 지방 근무를 꺼리는 경향이 있다. 지방은 수도권에 비해 편의시설과 사회적 인프라가 상대적으로 열악하기 때문이다.

대기업 본사는 대체로 서울에 자리하고 있지만, 사업장은 전국 지방에 분산되어 있다. 반면 본사는 지방에 있고, 서울에 사무소를 두고 있는 기업도 있다. K의 말처럼 많은 지원자가 수도권 근무를 선호한다. 하지만, 지방에 인력 수요를 원하는 방산업체가 적지 않다. 지방 근무의 경우 아예 지원을 포기하거나, 입사 후 회사를 떠나는 사례도 흔하다.

지방 근무에 대한 선호도는 옳고 그름의 문제가 아니라, 현실적인 문제다. 그렇다고 첫 발령지가 영원한 근무지가 되지는 않는다. 특히 대기업이나 중견기업에 취업을 희망하는 사람이라면, 근무지에 너무 집착할 필요가 없다. 개인의 업무 역량과 능력에 따라 희망하는 자리로 옮길 기회는 근무 중에 반드시 오기 마련이다. 기회가 빨리 오느냐, 늦게 오느냐의 차이일 뿐이다. 예를 들어, 연구소 개발자로 입사한 사람이 본사 영업담당자로 자리를 옮기는 사례도 있고, 사업장 생산관리자가 본사 기획부서로 이동하는 경우도 발생한다. 즉, 본인이 어떻게 하느냐에 따라 주어진 상황은 얼마든지 달라질 수 있다. 기업은 이익을 극대화하기 위해 우수한 인적 자원을 언제든지 활용한다. 회사는 업무의 효율성을 추구하는 조직이기 때문이다. 다만, 업무 역량이 뛰어나더라도 인간관계 관리에 실패하면 원하는 자리로 이동하기 어려울 수 있다. 따라서 인적 네트워크에도 신경을 써야 한다.

* * * * * * * * * *

방위산업이 지역 경제의 중심이 되는 도시들이 있다. 대표적인 예로 '방산혁신클러스터'를 들 수 있다. 방산혁신클러스터는 방사청 중점 사업의 일환으로 지난 2020년 경남 창원이 선정된 이후 전국 6개 지역에 순차적으로 조성될 계획이다. 방사청과 지방자치단체가 공동으로 협력해 방위산업 네트워크를 구축하고 중소·벤처 기업의 방산시장 진입 및 국방 연구개발(R&D) 기술을 지원하는 것을 골자로 한다. 현재 경남 창원, 대전광역시, 경북 구미가 방산혁신클러스터에 선정되었다.

대전시는 2023년 방위사업청 이전을 시작으로 방산 중심도시를 꿈꾸고 있다. 대전에는 ADD와 기품원 신뢰성시험센터, 육군군수사령부 그리고 인근 계룡시의 육·해·공 3군 본부가 있다. 특히 한화, 풍산, LIG 넥스원 등 대기업 방산연구소가 몰려 있다.

창원시는 방산기업이 밀집한 이른바 방산특화도시다. 한화에어로스페이스 등 가장 많은 방산업체가 위치하고, 여기에 수백여 개의 협력사까지 포함하면 지역 경제에서 방위산업이 차지하는 비중이 상당하다. 창원에는 육군종합정비창, 해군군수사령부 등이 있다. 인근 진주에는 국방기술품질원 본사, 사천에는 한국우주항공산업(KAI)이 위치한다.

구미시는 2024년 세 차례 도전 끝에 방산혁신클러스터 사업 유치에 성공했다. 2020년엔 창원, 2022년에는 대전과의 유치 경합에서 연거푸 고배를 마신 후 '지역 중점 전략산업과 국방 5대 신산업 연계'로 세 번째 방산혁신도시로 이름을 올렸다. 구미에는 방산업체 한화시스템과 LIG넥스원 등의 주요 사업장과 수백 개의 방산 중소기업이 있다.

* * * * * * * * * *

지방에 자리한 사업장은 회사에 따라 한 곳인 사례도 있고, 두세 곳인 사례도 있다. 그리고 경영지원 부서는 본사에, 현업부서는 사업장에 위치하는 것이 일반적이다. 영업이나 경영지원 업무를 맡게 되면 본사 근무 확률이 높지만, 사업장에서도 근무할 가능성은 존재한다. 사업장에도 생산 현장을 지원하는 기획이나 인사, 자재 부서 등은 필요하기 때문이다.

이와 달리 제조관리 부서는 주로 사업장에서 근무한다. 생산이나 품질부서 업무는 현장인 사업장에서 이루어진다. 이들 조직은 생산설비나 가동시설에 문제가 발생해 제품 생산과 품질보증이 정상적으로 운용되지 않을 때 즉시 현상을 파악하고 문제를 해결한다.

연구개발은 부서가 아니라 별도의 연구소로 두는 경우가 많다. 장기적인 수익 창출을 목적으로 연구개발에 지속적으로 투자하기 위함이다. 연구소 운영은 정부 계약 물량을 수주할 때도 유리하다. 기업의 연구개발 역량은 입찰 과정에서 평가 점수에 반영되는 항목이다.

중견기업도 부서별 기능과 역할이 대기업만큼 분화되어 있지 않지만, 필요한 조직체계는 대부분 갖추고 있다. 본사가 서울보다는 지방에 많고 서울이나 수도권에 파견 사무소를 운영한다.

중소기업은 대체로 본사와 사업장이 같은 장소에 있다. 다만 규모나 형식이 다양해 일률적으로 설명하기 어렵다. 중소기업임에도 중견기업에 가까운 구조가 있는가 하면, 반대로 영세업체처럼 소규모로 운영되는 회사도 있다.

방산업체의 근무지는 기업의 특성과 사업의 성격에 따라 다양한 형태로 분포된다. 서울에서 근무하기를 희망하는 지원자에게는 지방 근무가 부담스러울 수 있지만, 회사 상황과 업무 역량에 따라 언제든지 자리를 이동할 기회는 열려 있다. 방산업체 입사를 희망하는 지원자들은 근무지에 대한 고정관념을 버리고, 자신의 역량을 바탕으로 다양한 기회를 모색하는 것이 우선이다.

03.
기업정보를 활용하자

하루 동안 나는 K에게 방산업체 전반에 관해 이야기해 주었다. 방위산업의 생태계가 어떻게 이루어져 있는지, 방산업체의 인원 채용 방식은 어떤지, 주요 고객은 어디인지, 그리고 그룹사를 포함한 다양한 방산업체에 대한 정보도 제공했다.

"어때요. 방산업체가 이직할 만큼 괜찮은 것 같아요?"

"조금 더 생각해 봐야겠어요."

"그래요. 시간을 갖고 천천히 검토해 보세요. K가 당장 급한 것도 아니잖아요."

"그런데 팀장님, 방산업체에 관한 정보를 좀 더 알고 싶은데요. 어떤 방법이 있을까요?"

K의 판단이 맞다. 방산업체로 등록된 기업이라도 경영 상황은 반드시 확인해 봐야 한다. 모든 기업이 완벽하다는 보장은 없다. 겉으로 보

기에 기업 규모나 이름은 그럴듯하지만, 실상은 경영난에 허덕이는 곳도 있다. 반대로, 규모는 작고 인지도는 낮지만 내실 있는 경영을 통해 성장 가능성이 큰 업체도 존재한다.

따라서 자신이 희망하는 기업이 있다면, 관련 정보를 충분히 활용해 보는 것이 중요하다. 가장 손쉬운 방법은 해당 기업의 공식 홈페이지나 블로그를 찾아보는 것이다. 기업이 공개하는 자료에는 자사가 자랑하고 싶은 내용이 모두 담겨 있다. 회사의 역사와 현재 그리고 미래를 짐작해 볼 수 있다.

그러나 기업이 제공하는 자료만으로는 그 실체를 파악하기 어렵다. 따라서 객관적인 데이터나 지표를 함께 살펴야 한다. 다행히도 조금만 관심을 가지면 기업정보를 제공하는 다양한 자료와 소스를 쉽게 접할 수 있다. 정보가 부족해서가 아니라, 오히려 넘쳐나 정확한 자료 활용이 곤란한 시대다. 물론 관련 전공이 아닌 경우 데이터 해석에 어려움을 겪을 수 있지만, 이 역시 인터넷이나 전문가의 도움을 받으면 충분히 해결할 수 있다. 다음은 방산업체와 관련된 주요 사이트다.

가. 한국방위산업진흥회 (https://www.kdia.or.kr)

방산업체 현황에 대한 전반적인 지식을 제공한다.

나. 금융감독원 전자공시시스템 DART (http://dart.fss.or.kr)

기업의 기본정보, 연혁, 주요 사업 내용 등을 확인할 수 있다.

다. 중소기업현황정보시스템 SMINFO (http://sminfo.smba.go.kr)

중소기업의 기본정보에 특화된 사이트다.

라. 증권사 리포트

포털 사이트에 등재된 증권사의 산업분석을 통해 업계 트렌드를 알 수 있다.

마. 기업별 IR Report

기업이 직접 제공하는 사업 현황, 미래 전략, 재무 정보, 성과 등의 정보를 확인할 수 있다.

바. 취업 전문 플랫폼 (사람인, 캐치업, 잡코리아 등)

해당 기업에 관한 취업 정보와 함께 일반적인 기업정보를 제공한다.

****

자신이 희망하는 무기체계나 특정 기업이 정해졌다면, 언론 보도를 모니터링하는 것도 많은 도움이 된다. 해당 기업의 경영 상황을 간접적으로 확인할 수 있기 때문이다. 본인이 관심을 가지고 주의를 기울이면 그 회사의 채용 가능성도 예상이 가능하다. 특정 기업이 대규모 사업 수주나 수출계약을 체결했다는 언론 발표가 있다면, 멀지 않아 인력 채용이 활발해질 가능성이 높다고 기대할 수 있다. 이때에는 채용 가능성이 높은 시점임을 예상하고 준비하는 것도 한 방법이다. 물론 이러한 예측이 항상 맞을 수는 없지만, 전반적인 흐름을 알고 있는 것과 모르는 것에는 차이가 크다.

"무기체계를 다루는 방산업체 소식은 보안 사항이 아닌가요?"

"K의 말이 맞아요. 하지만 물량 수주나 계약 내용은 보도돼요. 단지 구체적인 세부 사항이 빠질 뿐이죠."

"민간기업의 공시 절차와 똑같네요."

"그럼요. 그리고 대다수 방산업체가 민수와 방산을 겸해서 사업하는 경우가 많아요."

공시 외에도 방산업체에서 큰 지각변동이 발생하는 경우, 반드시 언론에 의해 알려진다. 예를 들어 인수합병이나 매각, 분할 등이 대표적이다. 물론 최종 계약이 확정되기 전까지는 극비리에 추진되지만, 언론에 공표될 때쯤이면 이미 중요한 거래는 대부분 마무리된 상태라고 봐도 무방하다. 결국 방산업체에 대한 정보를 최대한 활용해, 지원하고자 하는 기업의 실체를 정확히 파악하는 것이 중요하다. 이를 통해 자신이 희망하는 기업이 진짜로 괜찮은 회사인지, 나아가 취업 여부를 신중하게 결정할 수 있을 것이다. 최근 몇 년간 여러 방산업체가 인수합병을 통해 사명을 새롭게 바꾸어 달았다. 기업정보 활용이 중요한 이유다. 다음은 주요 변경 사례다.

- 삼성테크윈 ☞ 한화에어로스페이스
- 삼성탈레스 ☞ 한화시스템
- 두산DST ☞ 한화에어로스페이스
- 두산인프라코어 ☞ HD현대인프라코어

- 두산모트롤 ☞ 엠앤씨(MNC)솔루션
- 대우조선해양 ☞ 한화오션
- 한진중공업 ☞ HJ중공업
- 산청 ☞ 한컴라이프케어
- 삼공물산 ☞ SG생활안전
- 알코닉코리아 ☞ 세아항공방산소재
- 삼강엠엔티 ☞ SK오션플랜트
- 넵코어스 ☞ 덕산넵코어스
- 한국화이바 ☞ 스페이스프로

04.
취업에 유리한 전공이 있다 or 없다

"팀장님, 혹시 방산업체 취업에 유리한 전공이 있을까요?"

"아무래도 문과보다는 이과가 유리하겠죠."

"그건 일반기업도 마찬가지죠. 제가 궁금한 건 방산업체만의 특성을 여쭈어본 건데요."

"글쎄요."

방산업계에 취업을 꿈꾸는 이들에게 특별히 유리한 전공이 있다고 단정하기는 어렵다. 방산업체는 다양한 분야에서 연구개발, 생산, 관리 등의 업무를 수행하기 때문에 다방면의 인재가 필요하다. 그러나 최근 방위산업의 변화와 첨단 기술의 발전으로 인해 특정 분야의 인재 수요가 증가하고 있는 것은 사실이다.

2023년부터 방사청은 무인로봇과 인공지능(AI) 분야에서 석·박사급 연구 인력을 집중적으로 육성하고 있으며, 향후 국방 신산업 및 10대 국방전략기술 중심으로 인재 양성 지원을 확대할 계획이다. 이처럼 방산업계는 첨단 기술이 발전함에 따라 새로운 기술 분야에 특화된 인재를 찾고 있다.

가장 주목할 만한 교육프로그램 중 하나는 방위산업 계약학과 지원사업이다. 2022년부터 시작된 사업은 방산업체의 인력 수요에 맞춘 국방 첨단 분야 연구개발 인재를 양성하는 것이 목표다. 이를 위해 연세대, 세종대, 한밭대 등에 국방·우주 관련 학과가 개설되었고, 이들 대학은 맞춤형 교육과정과 채용 조건형 프로그램을 통해 방산업체에 즉시 투입이 가능한 인재를 배출하고 있다.

예를 들어, 연세대는 국제 연구협력을 통해 우주국방융합협동과정을 운영하며 글로벌 인재 양성에 힘쓴다. 세종대 우주항공시스템공학과는 우주항공 분야의 핵심 연구 인프라를 바탕으로 인재 양성에 주력하고, 한밭대 국방우주공학과는 대전·충청권 정부출연 연구기관들과의 협력으로 학생들이 위성 개발 등 실제 프로젝트에 참여할 기회를 제공한다. 이러한 계약학과 프로그램은 2024년까지 석사급 인재 11명을 배출했고, 이들은 방산기업에 채용되어 관련 연구를 계속하고 있다. 계약학과 출신 인재들이 전문적인 연구와 실무 경험을 바탕으로 방산 현장에 즉시 적응할 수 있다는 점에서 방산업계도 긍정적으로 평가한다.

****

방위산업과 관련되어 군 기술 계약학과도 많은 관심을 받고 있다.

이는 대학과 군 본부가 협약을 맺어 개설된 채용조건형 학과로, 학생들은 학업 중 장학금을 지원받고 졸업 후에는 장교로 임관하는 프로그램이다.

고려대학교 사이버국방학과는 사이버보안 전문 장교를 양성하는 학과로, 국방부와 협약을 맺어 채용조건형으로 운영된다. 학생들은 전액 장학금과 함께 국내외 연수, 해킹 대회, 컨퍼런스 참여 기회를 제공받으며, 졸업 후에는 사이버보안 전문사관으로 7년간 복무한다. 특히 수학, 컴퓨터, 암호학, 통신공학 등 사이버 보안에 필요한 다양한 과목을 수강하며 장교로서의 소양을 함께 쌓게 된다.

세종대는 사이버국방학과(육군), 국방시스템공학과(해군), 항공시스템공학과(공군) 등 총 3개의 군 계약학과를 운영한다. 4년간 전액 장학금을 지원하며, 졸업 후 장교로 임관해 군에서 복무하는 조건이다. 특히 항공시스템공학과는 공군 조종사 양성을 목표로, 비행 교육을 마친 학생들은 13년간 조종사로 복무한다. 국방시스템공학과는 해군 기술장교를 양성하며, 졸업 후 7년간 해군에서 근무한다. 사이버국방은 2024년 육군과 협력해 설립된 계약학과다. 사이버 국방의 안전과 기술 발전을 이끌어갈 사이버보안 육군 장교 양성을 목표로 한다. 고려대 사이버국방이 국방부 협약이라면, 세종대 사이버국방은 육군 협약이라는 데서 다르다.

아주대학교 국방디지털융합학과는 공군 네트워크 중심전(NCW)과 사이버전을 책임질 기술 장교를 양성하는 특화 학과다. 이 학과는 ICT

기술과 군사 작전 지식을 융합해 엘리트 장교를 배출하고, 전액 장학금 지원 외에도 교환학생 및 해외 연수 기회를 제공한다.

한양대 에리카(ERICA)의 국방전략기술공학과는 국방정보공학과에서 올해 명칭을 변경했다. 해군본부와 협약을 맺고 해군 기술장교를 양성한다. 정보통신 및 컴퓨터 공학을 바탕으로 국방과학 분야에서의 전문성을 키우는 교육을 제공하며, 해군 장교로 임관해 7년간 복무한 후에는 국방연구기관이나 관련 산업체에 진출할 수 있다.

충남대학교 해양안보학과는 2011년 해군본부와의 협약을 통해 개설된 국립대 최초의 군사학 관련 학과이다. 입학생 전원이 해군 장학생으로 선발돼 4년간 등록금 전액을 지원받는다. 졸업과 동시에 전원 해군 소위로 임관되며, 함정 항공 정보통신 등의 병과에 진출하게 된다. 7년간의 해군장교 복무 후에는 근무경력을 활용해 항해사나 항공기조종사 등 전문영역에 진출할 수 있다.

****

방산업체는 기술 경쟁력과 전문성을 가진 인재를 선호하며, 특히 국방 첨단기술 분야에서 활동할 수 있는 인재를 적극적으로 채용한다. 로봇, 인공지능(AI), 위성, 우주항공, 사이버보안 등 미래 국방 기술의 발전에 기여할 수 있는 인재는 방산업체들이 가장 필요로 하는 인재군이다. 방사청 역시 이 분야의 인재 양성에 큰 노력을 기울이고 있으며,

앞으로도 국방전략기술 중심의 인재 발굴과 양성을 확대할 계획이다.

따라서 방산업계 취업을 목표로 한다면, 단순히 전공에 구애받기보다는 국방 신기술에 대한 이해를 넓히고, 관련 분야의 전문성을 강화하는 것이 중요하다. 계약학과 프로그램이나 군 계약학과를 통해 현장 경험을 쌓고, 학업과 연구를 병행해 실질적인 역량을 키우는 것도 하나의 방법이다.

05.
그래도 경험이 제일이다

코로나19는 사회의 많은 부분을 변화시켰다. 그중에서도 채용 시장의 변화는 상당히 크다. 대부분 기업이 정기적인 공채를 폐지하고, 필요할 때마다 인력을 선발하는 수시 채용 방식을 선호하고 있다. 방산 분야 취업시장도 마찬가지다. 앞으로 경제 상황에 따른 변수는 많겠지만, 수요에 따라 인원을 수시로 모집하는 방식은 큰 변화가 없을 것으로 보인다.

지금의 수시 채용은 직무적합도가 높은 사람을 필요할 때마다 선발하는 방식이다. 따라서 해당 직무에 경험이나 경력이 있는 '중고 신입'이 유리할 수밖에 없다. 불확실한 경영환경 속에서 기업은 현업 중심으로 필요한 인력을 수시로 확보해 적재적소에 배치하는 것이 효율적이라고 판단하기 때문이다.

"경험이 없는 사람은 어떡하죠?"

"쉽지 않은 상황이지만 그렇다고 눈앞의 현실을 부정할 수는 없잖아요."

"팀장님 말씀은 현실을 인정하고 받아들여야 한다는 말씀인가요?"

"누군가는 채용이 되니까요. 그래서 어떤 식으로든 경험을 쌓아야죠. 형식에 구애받지 말고요."

방산업계의 고유한 특성을 이해하는 것과 그렇지 않은 것에는 차이가 있다. 방산업체가 경험자나 경력자를 선호하는 이유다. 그래서 무기체계의 특성과 프로세스를 잘 아는 사람을 선발하는 경향이 강하다. 채용공고에 우대사항으로 관련 경력이나 경험을 명시하는 경우도 많다. 방산업체의 주요 사업 분야나 무기체계에 대한 경험이 없다면, 업무 파악과 효과적인 업무 수행이 어렵기 때문이다. 특히 경력직은 군 출신을 선호한다. 대기업은 주로 영관급 이상의 고위직 출신을 채용하는 경우가 많다. 종종 언론에서 '장성 출신 A씨가 방산업체 채용심사에 통과됐다'라는 등의 뉴스를 접한 기억이 있을 것이다.

방산업체 입사 지원 시에는 무기체계와 관련된 경험이 도움이 된다. 물론 그러한 경험을 쌓는 일이 쉽지 않다. 경력직은 일정 기간 근무 실적이 중요하지만, 신입 지원자는 다양한 형태의 현실적인 경험을 쌓는 것이 필요하다. 군, 방사청, ADD, 기품원 등에서의 근무 경험은 소중한 스펙이 될 수 있다. 군과 관련된 기관에서 시간제나 계약직으로 일한 경험이 있다면, 그것 또한 중요한 자산이 된다. 따라서 관련 기관에서 근무할 기회가 생긴다면, 적극적으로 경험을 쌓기를 권장한다.

****

각자가 처한 여건에 따라 유연하게 대응하자. 대기업이나 중견기업 지원이 힘들다면 중소기업 입사도 충분히 고려해 보자. 중소기업에서의 경험을 통해 향후 대기업 경력직으로 도전할 수도 있다. 그래서 미래 발전 가능성이 있는 중소업체를 선택하는 것도 하나의 대안이다. 흔히 말하는 '강소기업'을 우선 검토해 보는 것도 현명한 방법이다. 유망 중소기업은 대기업에 인수합병될 가능성도 크다. 실제로 방산업계에선 이러한 사례가 종종 발생한다. 또한 중소기업에서 더 많은 경험을 쌓을 수도 있다. 무엇을 경험하든지 간에, 그 경험을 어떻게 활용할지는 결국 본인의 몫이다.

"팀장님은 앞으로 방산업계 취업 전망을 어떻게 예측하세요."

"제가 그것까지 어떻게 알 수 있겠어요."

"그래도 흐름이라는 게 있지 않나요?"

"물론이죠."

앞날은 아무도 알 수가 없다. 다만 몇 가지 흐름은 유추해 볼 수 있다. 향후 예견되는 병력자원의 감소를 첨단무기로 보완하거나 대체할 가능성이 매우 높다는 사실이다. 아울러 미래의 무기는 재래식 병기가 아닌 최첨단 장비로 진화할 것이다. 따라서 무기 개발에 필요한 인원 채용은 꾸준히 발생할 것이다.

또한 대기업이 체계기업으로 참여하는 신규 사업 착수에도 인력 충원이 활발히 일어난다. 이때에는 협력사를 포함한 공급망 전체 분야에서 인력 수요가 들썩이게 되는데, 이는 가장 바람직하고 모범적인 고용 창출 방식이다. 주로 이런 방식에서 대기업과 중소기업이 동반성장을 도모할 수 있다. 대표적인 사례가 한국형 차세대 전투기(KF-21)의 국산화다. 방산업체 KAI와 다수의 협력사가 협업을 통해 핵심부품을 독자 개발했다. 전투기에 들어가는 3만여 개의 구성품을 개발하기 위하여 대기업부터 중견기업, 중소기업까지 모두 700개 이상의 국내 방산기업이 참여했다. 사업에 참여한 기업 전체에서 일자리 창출이 자연스레 발생한다.

또한 기존 무기를 보완하거나 업그레이드(up-grade)를 통한 수출 확대가 계속될 전망이다. 수출은 최근 K-방산의 열풍으로 상당한 성과를 창출하고 있다. 지난 8월, K-방산 글로벌 수출 확대의 전초기지로 자리잡을 한화에어로스페이스 호주법인 공장(H-ACE)이 완공됐다. 호주에 설립된 H-ACE는 K9 자주포의 호주형 모델인 AS9 '헌츠맨'과 AS10 방호탄약운반장갑차를 생산한다. 한화에어로스페이스 협력업체가 주요 부품을 H-ACE에 납품할 예정으로 신규 인원 소요가 요구된다.

* * * * * * * * * * *

방산업체 간 부익부 빈익빈 현상은 가속화될 것이다. 수주물량이 차고 넘치는 기업이 있는가 하면, 반면에 추가 물량이 없어서 하늘만 쳐다보는 회사도 나올 수 있다. 이러한 현상은 반복된다. 이에 대한 해법으로 수출 확대와 방산업체 통합도 꾸준히 논의될 것이다. 사업의 연속성과 물량의 지속성을 위해서 필요하기 때문이다. 하지만 둘 다 쉽지 않은 방법이다. 수출 확대 증진이나 방산업체 통합 방안은 정부의 관심 없이는 현실화가 어렵다. 이는 국가의 외교정책 및 안보상황과 직결되는 사안이기 때문이다.

우선 수출은 국제정세에 따라 급락이 심하다는 점에서 그리 간단치가 않다. 통합 역시 미국의 록히드 마틴이나 보잉사 등을 그 모델로 삼고 있지만, 방산업체 사이의 이해관계가 복잡하게 맞물려 있어 이 또한 쉬운 해결책은 아니다.

방산업체 취업이나 시장에 관심 있는 사람들은 이런 상황을 우선 이해하고 입사 지원이나 방산업계 진입 여부를 판단해야 한다. 방산업체라고 해서 마냥 안정적이지도 않고 그렇다고 미래 비전(vision)이 전혀 없는 것도 아니다.

맺는 말

방위산업은 전통적으로 국가안보를 지키는 최전선에서 역할을 해온 산업이다. 그러나 오늘날 그 위상은 군사적 영역을 넘어, 국가의 미래를 결정짓는 핵심 산업으로 진화하고 있다. 방산업체들은 오랜 기간 축적된 기술력과 전문성을 바탕으로 국민의 안전과 국방 역량을 책임져 왔으며, 자신들의 영역에서 국가안보를 수호하는 '숨은 영웅'으로 활동해 왔다.

오늘날 방위산업은 첨단 기술의 폭넓은 도입과 민간 부문과의 협업을 통해 국가 경제의 신성장 동력으로 부상하고 있으며, 산업 전반에 걸쳐 영향력을 확대해 나가고 있다. 그러나 방위산업의 장래가 밝기만 한 것은 아니다. 급변하는 국제정세와 갈수록 치열해지는 글로벌 경쟁 속에서, 첨단 기술 탈취·유출에 대한 보안 위협이 상존한다.

또한 군사·비군사 영역을 넘나드는 융합기술이 빠르게 발전함에 따라, 기존 방위산업 구조와 전문성을 지속적으로 재점검하고 혁신하는 노력이 요구된다. 연구개발(R&D)부터 생산, 그리고 해외 시장 진출까지, 방위산업 전 과정을 아우르는 철저한 전략과 유연한 대응력이 어느 때보다 중요하다.

방위산업의 미래를 좌우하는 것은 결국 '변화에 대한 준비'와 '도전에 대한 끊임없는 혁신'이다. 불확실성 속에서도 새로운 기회를 찾아 도전하고, 이를 극복하려는 기업과 인재들의 노력이 한데 모일 때, 우리나라 방위산업은 한층 더 성장할 수 있다.

이 책이 독자들에게 방위산업의 구조와 현황은 물론, 각 기관과 기업의 역할을 구체적으로 이해하는 데 조금이나마 도움이 되기를 바란다. 아울러 방산업체에 첫발을 내딛으려는 모든 도전자에게 실질적인 정보와 동기를 제공하여, 그 여정을 더욱 풍요롭게 만들어 주기를 기대한다.

끝으로, 국가를 지키는 책임감과 사명감으로 임하고 있는 방위산업 종사자 여러분에게 깊은 경의를 표한다. 또한 이 분야에 관심을 두고 미래를 준비하는 모든 취업준비생에게도 진심 어린 감사와 응원의 마음을 전한다.

여러분의 끊임없는 열정과 도전이 곧 대한민국 방위산업의 내일을 열어 갈 것이며, 더 나아가 세계 시장에서도 우리 기술과 역량을 빛낼 주역이 되리라 믿기 때문이다. 모두에게 건투를 빈다.

참고 문헌

이 책을 쓰기 위해 다음과 같은 자료를 참고하였다.

가. 정길영, 『방위산업 수출경쟁력 확보방안』, 서울경제경영, 2020년
나. 안동만·김병교·조태환, 『백곰, 도전과 승리의 기록』, 플래닛미디어, 2017년
다. 민찬규, 『성공하는 군납입문서』, 시간의물레, 2016년
라. 한국방위산업학회(서우덕·신인호·장삼열), 『방위산업40년, 끝없는 도전의 역사』, 플래닛미디어, 2015년
마. 김준희, 『쉽게 풀어쓴 군납 이야기』, 좋은땅, 2015년
바. 채우석·정호영, 『방위산업, 창조경제 현장을 가다』, 고요아침, 2014년
사. 정진태, 『방위사업학개론』, 21세기북스, 2012년

아울러 각종 언론 기사, 방산 관련 기관과 방산업체의 홈페이지 등도 참조했다.

K, 방산업체 천재가 되다

초판 1쇄 발행 2025년 3월 26일

지은이 윤용
펴낸이 이기봉
편집 좋은땅 편집팀
펴낸곳 도서출판 좋은땅
주소 서울특별시 마포구 양화로12길 26 지월드빌딩 (서교동 395-7)
전화 02)374-8616~7
팩스 02)374-8614
이메일 gworldbook@naver.com
홈페이지 www.g-world.co.kr

ISBN 979-11-388-4103-0 (03390)

• 가격은 뒤표지에 있습니다.

• 파본은 구입하신 서점에서 교환해 드립니다.